上海市交通运输行业协会团体标准

上海市域铁路隧道及地下工程施工质量验收标准（试行）

Standard for Construction Quality Acceptance of Tunnel and Underground Engineering of Shanghai Suburban Railway (Trial Implementation)

T/SHJX 004—2020

主编单位：上海隧道工程有限公司
批准部门：上海市交通运输行业协会
施行日期：2021 年 1 月 1 日

同济大学出版社

2022 上海

图书在版编目(CIP)数据

上海市域铁路隧道及地下工程施工质量验收标准：试行/上海隧道工程有限公司主编．—上海：同济大学出版社，2022.6

ISBN 978-7-5765-0243-5

Ⅰ.①上… Ⅱ.①上… Ⅲ.①铁路隧道—隧道施工—工程验收—质量标准—上海 ②地下工程—工程施工—工程验收—质量标准—上海 Ⅳ.①U459.1-65 ②TU94-65

中国版本图书馆 CIP 数据核字(2022)第 100332 号

上海市域铁路隧道及地下工程施工质量验收标准(试行)

上海隧道工程有限公司　**主编**

责任编辑　朱　勇
责任校对　徐春莲
封面设计　陈益平

出版发行　同济大学出版社　　www.tongjipress.com.cn
（地址：上海市四平路 1239 号　邮编：200092　电话：021－65985622）
经　　销　全国各地新华书店
印　　刷　江苏凤凰数码印务有限公司
开　　本　889mm×1194mm　1/32
印　　张　6.375
字　　数　171 000
版　　次　2022 年 6 月第 1 版　　2022 年 6 月第 1 次印刷
书　　号　ISBN 978-7-5765-0243-5
定　　价　70.00 元

上海市交通运输行业协会

沪交协〔2020〕第64号

上海市交通运输行业协会
关于发布《上海市域铁路隧道及地下工程施工技术规程(试行)》等九项团体标准的通知

经上海市交通运输行业协会第七届第三十六次秘书长办公会议批准,同意即日起发布以下九项团体标准:

1.《上海市域铁路隧道及地下工程施工技术规程(试行)》(编号:T/SHJX 003—2020);

2.《上海市域铁路隧道及地下工程施工质量验收标准(试行)》(编号:T/SHJX 004—2020);

3.《上海市域铁路桥梁工程施工技术规范(试行)》(编号:T/SHJX 005—2020);

4.《上海市域铁路桥梁工程施工质量验收标准(试行)》(编号:T/SHJX 006—2020);

5.《上海市域铁路路基工程施工技术规范(试行)》(编号:T/SHJX 007—2020);

6.《上海市域铁路路基工程施工质量验收标准(试行)》(编号:T/SHJX 008—2020);

7.《上海市域铁路轨道工程施工技术规范(试行)》(编号:T/SHJX 009—2020);

8.《上海市域铁路轨道工程施工质量验收标准(试行)》(编号:T/SHJX 010—2020);

9.《上海市域铁路建筑信息模型设计应用标准(试行)》(编号:T/SHJX 011—2020)。

特此发布。

上海市交通运输行业协会

2020年9月22日

前 言

根据上海市交通运输行业协会市域铁路分会《关于发布〈2019 上海市域铁路建设类技术标准编写计划(一)〉的通知》(沪交协域铁〔2019〕第 3 号)的要求,标准编制组经广泛调查研究,认真总结实践经验,在参考相关国标、地标及铁路系列标准的基础上,汇编了本标准。

本标准的主要内容包括:总则、术语、基本规定、降排水、地基基础与基坑围护、明挖结构、顶管法、盾构法、联络通道、防水、施工监测。

本标准为“上海市域铁路建设类技术标准”系列标准之一。希望各单位及相关人员在执行本标准的过程中,结合工程实践和科学研究,总结经验,积累资料。如发现本标准中有需要修改和补充之处,请将有关意见、建议和资料反馈至上海隧道工程有限公司越江工程项目管理部(地址:上海市大连路 118 号;E-mail:jiyunwang@126. com)。

授权委托单位:上海市交通运输行业协会市域铁路分会

主 编 单 位:上海隧道工程有限公司

参 编 单 位:中铁二十四局集团有限公司
中铁十五局集团有限公司
中铁十九局集团有限公司
中铁上海设计院集团有限公司
上海市城市建设设计研究总院(集团)有限公司
上海市隧道工程轨道交通设计研究院
中铁十四局集团大盾构工程有限公司
上海市政工程设计研究总院(集团)有限公司

主要编制人员:朱雁飞　吴惠明　王吉云　张嘉俊

参与编制人员: 张雯静　曹宇红　宋秀雷　李乔然　王逸尘
杜　伟　刘逸敏　王春晓　栾焕强　张　杰
于占双　张海东　周　萌　张中杰　刘　书
叶　蓉　金　叶　陈　鹏　刘四进　刘　锟
杜一鸣

主要审查人员: 陈茂华　白　云　杨我清　李　涛　王华伟
王事成　叶　蓉　郑宜枫　林传年　张子新
张　勇　陆建生　侯剑锋　孙启迪

目　次

1 总 则

1.0.1 为加强上海市域铁路隧道及地下工程施工质量管理,统一市域铁路工程施工质量的验收标准、确保工程质量,满足安全可靠、技术先进、经济合理、可操作性强的要求,特制定本标准。

1.0.2 本标准适用于新建、扩建、改建上海市域铁路隧道及地下工程(除机电设备安装工程外)的施工质量验收。

1.0.3 上海市域铁路隧道及地下工程施工质量验收除应执行本标准外,尚应符合国家、行业和本市现行有关标准的规定。

2 术 语

2.0.1 市域铁路 suburban railway

市域铁路是城市中心城区联接周边城镇组团及其城镇组团之间的公交化、快速度、大运量的轨道交通系统，提供城市公共交通服务，是城市综合交通体系的重要组成部分。

2.0.2 工程施工质量 constructional quality of engineering

反映工程施工过程或实体满足相关标准规定或合同约定的要求，包括其在安全、使用功能及其在耐久性能、环境保护等方面所有明显和隐含能力的特性总和。

2.0.3 验收 acceptance

在施工单位自行检查的基础上，参与建设活动的有关单位共同对检验批、分项、分部、单位工程的质量按有关规定进行检验，根据相关标准以书面形式对工程施工质量达到合格与否做出确认。

2.0.4 进场验收 site acceptance

对进入施工现场的材料、构配件、设备等按相关标准规定要求进行检验，对产品合格与否作出确认。

2.0.5 检验批 inspection lot

按同一生产条件或按规定的方式汇总起来供检验用的、由一定数量样本组成的检验体。

2.0.6 检验 inspection

对检验项目中的性能进行量测、检查、试验等，并将结果与标准规定进行比较，以确定每项性能是否合格所进行的活动。

2.0.7 见证 witness

监理单位或建设单位现场监督施工单位某一施工过程完成

情况的活动。

2.0.8 见证取样检测 evidential testing

在监理单位或建设单位监督下，由施工单位有关人员现场取样，并送至具备相应资质的检测单位所进行的检测。

2.0.9 平行检验 parallel acceptance testing

监理单位或建设单位利用一定的检查或检测手段，在施工单位自检的基础上，按照一定的比例独立进行检查或检测活动。

2.0.10 旁站 site supervision

在工程的关键部位或关键工序的施工过程中，由监理人员在现场进行的监督活动。

2.0.11 观感质量 product appearance quality

通过观察和必要的量测所反映的工程外在的质量。

2.0.12 返修 repair

对不符合的工程部位采取整修等措施。

2.0.13 返工 rework

对不合格的工程部位采取的重新制作、重新施工等措施。

2.0.14 缺陷 defect

建筑工程施工质量中不符合规定要求的检验项或检验点，按其程度可分为严重缺陷和一般缺陷。

2.0.15 工序 constructional procedure

施工过程中具有相对独立特点的作业活动，或由必要的技术间歇及停顿分割的作业活动，是组成工程施工过程的基本单元。

2.0.16 主控项目 dominant item

工程中的对质量、安全、卫生、环境保护和公众利益起决定性作用的检验项目。

2.0.17 一般项目 general item

主控项目以外的检验项目。

2.0.18 盾构法 shield method

用盾构修筑隧道的暗挖施工方法。盾构是一种钢制壳体内配有开挖和拼装衬砌管片等设备，在钢壳体的保护下进行开挖、推进、衬砌和注浆等作业。盾构又根据开挖的方法和断面形状的不同，分为多种类型。

2.0.19 联络通道 cross passage

设置在两条隧道中间，起连通、排水及防火等作用的通道。

2.0.20 冻结法 ground freezing method

一种在含水土层内先钻孔打入钢管，导入循环的液氮，使周边的地层冻结，形成坚硬的冻土壳的地基加固工艺。

3 基本规定

3.1 一般规定

3.1.1 市域铁路隧道及地下工程施工现场应具备健全的质量管理体系、施工质量控制和质量检验制度。

3.1.2 市域铁路隧道及地下工程施工前，应掌握工程影响范围内工程与水文地质情况、建(构)筑物、地下管线的状况及保护要求，并根据设计文件要求编制施工组织设计文件或专项施工方案。施工组织设计文件和专项施工方案应通过施工单位技术负责人审查、总监理工程师审批后，方可施工。涉及危险性较大的分部分项工程的专项施工方案应按有关规定组织专家论证。

3.1.3 市域铁路隧道及地下工程施工应根据设计提出的工程环境保护要求，制定落实各项保护措施，并按设计要求对工程进行监测。

3.1.4 施工所需的测量基准点和控制点应有保护措施，并定期复测。

3.1.5 工程采用的新技术、新工艺、新材料，应按照有关规定组织专家评审，并制定相应的施工质量验收标准。

3.1.6 施工中，应对隐蔽工程验收，合格后方可进入下道工序施工。

3.1.7 市域铁路隧道工程施工时，应按设计文件要求，采取限制杂散电流的各项措施，并制定抗裂、防腐蚀、防渗等工程耐久性措施。

3.1.8 市域铁路隧道及地下工程施工质量检验、检测所用方法应符合国家现行标准规定，检验、检测用仪器设备应经计量检验合格，并在计量检定有效期内。

3.1.9 市域铁路隧道及地下工程施工质量控制应符合下列规定：

1 工程采用的主要材料、半成品、成品、构配件、器具和设备的质量应符合相关技术文件或产品质量标准的规定，并具有质量证明文件，同时应按相关的质量验收标准组织进场验收和复试；进场验收和复试结果应经监理工程师确认；对于钢筋、水泥、混凝土等工程主要材料，监理工程师应按规定进行见证取样检测和平行检验。

2 施工设备进入现场应按有关规定组织检查、验收，并形成验收记录或提交相关检测报告。

3 施工过程中，每道工序完成后，各相关专业技术人员应共同对施工质量进行检查验收，并形成交接验收记录；未经监理工程师检查确认，不得进行下道工序的施工。

3.1.10 市域铁路隧道及地下工程施工质量验收应符合下列规定：

1 应符合本标准和相关专业施工质量验收标准的规定。

2 应符合工程设计文件的要求。

3 参加工程施工质量验收的人员应具备规定的资格。

4 工程施工质量验收应在施工单位自检评定合格的基础上进行。

5 涉及结构安全和使用功能的试块、试件和现场检测项目，应按规定进行见证取样检测、平行检验。

6 检验批的质量应按主控和一般项目验收。

7 工程的观感质量应由验收人员通过现场检查共同确认。

3.2 工程质量验收单元划分

3.2.1 市域铁路隧道及地下工程施工质量验收单元应按单位

(子单位)工程、分部工程、分项工程和检验批进行划分。

3.2.2 单位工程应按下列原则进行划分:

1 具备独立施工条件或具备独立使用功能的地下构筑物为一个单位工程。

2 规模较大的单位工程,可根据其独立使用功能或结构形式,划分为若干个子单位工程。

3.2.3 分部工程应按一个完整部位或主要结构及施工阶段划分:

1 按专业性质、建筑物部位确定。

2 当分部工程较大或较复杂时,可按材料种类、施工特点、施工程序、专业系统及类别等划分为若干个子分部工程。

3.2.4 分项工程应按工种、工序、材料、施工工艺等划分。

3.2.5 分项工程可由一个或若干个检验批组成,检验批应根据施工质量控制及验收需要按施工段或部位等进行划分。

3.3 工程质量验收

3.3.1 检验批的验收应包括如下内容:

1 对工程实体和原材料、构配件和设备的实物检验。

2 工程实体和原材料、构配件和设备的资料检查。

3.3.2 检验批质量合格应符合下列规定:

1 主控项目的质量经抽样检验应全部合格。

2 一般项目的质量经抽样检验应基本合格;当采用计数检验时,合格点率应达到80%及以上,且不得存在严重缺陷。

3 应具有完整的施工自检记录和施工质量验收记录。

3.3.3 分项工程质量验收合格应符合下列规定:

1 分部工程所含分项工程的质量均应验收合格。

2 施工质量控制资料应完整。

3 有关安全和使用功能核查及抽查结果应符合相应规定。

4 观感质量应验收合格。

3.3.4 单位工程质量验收合格应符合下列规定：

1 单位工程所含分部工程的质量均应验收合格。

2 施工质量控制资料应完整。

3 安全和使用功能核查及抽查结果应符合本标准的规定。

4 观感质量验收应合格。

3.3.5 工程竣工验收合格应符合下列规定：

1 应完成合同约定的内容，单位工程质量均应验收合格。

2 单位工程质量验收中提出的整改意见应全部销项。

3 抽查主要功能指标，应符合本标准和设计文件的规定。

4 竣工备案资料应按规定整理齐全。

3.3.6 当检验批施工质量不符合要求时，应按下列规定可以进行验收：

1 经返工重新处理的，应重新进行验收。

2 经有资质的检测单位检测、鉴定能够达到设计文件要求的，应予以验收。

3 经有资质的检测单位检测、鉴定达不到设计文件要求的，但经原设计单位核算认可能满足结构安全和使用功能要求的，可予以验收。

3.3.7 经返修或加固处理的分项、分部工程，虽然改变外形尺寸，但仍能满足安全使用功能要求的，可按处理技术方案和协商文件的要求进行验收。

3.3.8 经返修或加固处理仍不能满足安全使用功能要求的分项、分部工程，严禁验收。

3.4 工程质量验收程序和组织

3.4.1 检验批由施工单位自检合格后，应由监理工程师组织施工单位专职质量检查人员、施工工长等进行验收。监理单位应对全部主控项目进行检查，一般项目的检查内容和数量可根据具体情况确定。

3.4.2 分项工程完工且施工单位自检合格后，应由监理工程师组织施工单位分项工程技术负责人等进行验收。

3.4.3 分部工程完工且施工单位自检合格后，应由总监理工程师组织施工单位项目负责人和技术、质量负责人等相关人员进行验收；勘察、设计单位、第三方检测单位、第三方测量单位工程项目负责人也应参加相关分部工程验收。

3.4.4 单位工程完工且施工单位自检合格后，应由总监理工程师组织，建设单位项目负责人、设计单位项目负责人、施工单位项目负责人等均应参加验收。

3.4.5 单位工程有分包单位施工时，分包单位对所承包的工程项目应按本标准规定的程序进行检查，总包单位应派人参加。分包工程完成后，应将工程有关资料交总包单位。

3.4.6 工程竣工验收应由建设单位组织验收组按施工合同标段进行验收。验收组应由建设、勘察、设计、施工、监理等单位的有关负责人组成，亦可邀请有关专家参加。验收组组长应由建设单位有关负责人担任。

3.4.7 当参加验收各方对工程质量验收意见不一致时，应由政府建设行政管理部门或工程质量监督机构协调解决。

3.4.8 工程竣工验收合格后，建设单位应在规定时间内，将工程竣工验收报告和有关文件报建设行政管理部门备案。

4 降排水

4.1 一般规定

4.1.1 应根据地下工程特性、降水要求、工程地质与水文地质条件、周边环境条件等因素，合理选择降排水方法。

4.1.2 降排水施工前，应编制专项施工方案。涉及减压降水的工程，还应先进行现场专项水文地质勘查抽水试验。

4.1.3 基坑开挖前，疏干降水持续时间应根据基坑开挖面积与深度、场地水文地质条件等因素综合确定，且不宜少于 15 d。

4.1.4 基坑开挖前，开挖土体中的自由水位应降低至基坑开挖面以下 0.5 m～1.0 m；基坑开挖面位于承压含水层中或与承压含水层顶板的竖向距离小于 2.0 m 时，承压水位应降低至基坑开挖面以下 1.0 m；承压水稳定性不满足时，承压水位应降至设计稳定水位。

4.1.5 降水管井施工应符合下列规定：

1 降水管井的平面布置、井结构应与降水设计方案一致。

2 降水管井的成孔垂直度偏差不应大于 1/100，井管应居中竖直沉设。

3 滤管孔隙率在潜水层、微承压含水层中不宜小于 14%，在承压含水层中不宜小于 20%。

4 滤料的平均粒径 d_{50} 应为降水目的层的平均粒径 d_{50} 的 6 倍～12 倍；滤料不均匀系数不宜大于 3。

5 采用泥浆护壁回转钻进成孔工艺施工的减压降水管井，洗井应采用先活塞洗井、后空压机洗井相结合的联合洗井方式。

4.1.6 基坑疏干降水影响范围存在以粉土、砂土为主的潜水含水层时，应在基坑内布设潜水水位观测井，观测井数量不宜小于疏干降水管井数量的1/7。

4.1.7 减压降水管井的应急备用井数量不应少于满足降水所需减压降水管井数量的20%，且不应少于1口。减压降水场区内应设置承压水位观测井，观测井数量宜为减压降水管井数量的1/7～1/5，且不应少于1口。在环境保护要求高或水文地质条件复杂的区域内，应在降水可能引起水位变化的含水层中增设水位观测井。对于基坑降排水工程，坑外潜水位及承压水位的观测井布设要求应符合现行国家标准《建筑基坑工程监测技术规范》GB 50497和现行上海市工程建设规范《基坑工程施工监测规程》DG/TJ 08—2001的规定。

4.1.8 开挖期间需连续降水的坑内降水管井及坑内水位观测井的平面位置应邻近支撑、栈桥、围护结构，并应搭设降水管井运行管理平台。

4.1.9 降水过程中需连续减压降水时，应配置备用电源。

4.1.10 当隔水帷幕未隔断承压含水层或减压降水幅度不小于10 m时，应做好减压降水管井的单井验收与群井验证，保障减压降水效果，并应采取其他有效措施控制减压降水运行风险。

4.1.11 当地下工程降水措施对周围建(构)筑物、地下管线、道路等设施产生不良影响时，可采用回灌地下水等防护措施。回灌水水质不应劣于原含水层水质。

4.1.12 应根据施工工况，以“按需降水”为原则，制定与实施降水或回灌运行方案。

4.1.13 工程周边排水系统最大排水能力应大于工程降排水运行最大流量的125%，且应设置有三级沉淀池。雨季降排水的工程，其周边排水系统的排水能力还应考虑大气降水量与工程降排水流量的叠加效应。

4.1.14 应编制合理可靠的封井技术方案。降水结束后，应对所有降水管井、水位观测井等实施可靠的防渗漏封井措施。

4.2 基坑明排水

基本要求

4.2.1 应在坑底周边设置排水明沟和集水井进行坑内明排水。当基坑面积较大或季节性雨量较集中时，宜在坑内中间部位增设排水沟与集水井。

4.2.2 排水沟、集水井应设置在基础边线外侧。沟、井的外侧边缘与坡脚或基坑内边缘的水平距离不应小于 0.3 m，且不应小于排水沟的深度。

4.2.3 坑内开挖面的排水沟深度应为 0.3 m～0.5 m，底宽不应小于 0.3 m，沟底纵向坡度为 0.2%～0.4%。沟底、集水井和沉淀槽应及时清除沉淤，保持排水沟畅通。

4.2.4 集水井截面应为 0.6 m×0.6 m～0.8 m×0.8 m，井底位于相邻排水沟底面以下的深度不应小于 0.4 m。应采取有效措施保证集水井井壁稳定，井底应铺垫厚度为 0.2 m～0.3 m 的砂石反滤层。集水井内的残留水位应低于基坑开挖面 0.5 m。

4.2.5 坑内明排水应通过管道直接进入离基坑适当距离的地表排水沟。当抽排水中泥沙含量偏高时，应经由沉淀槽（池）沉淀后排入附近地下排水管网。

一般项目

4.2.6 施工全过程应保持坑内开挖面无积水。排水设备应满足大雨、暴雨时能及时抽排的需求。

检查数量：检查整个明排水系统。

检验方法：现场巡视。

4.2.7 坑内排水沟和集水井的设置应符合本节基本要求的相关规定，排水应畅通，集水井中的汇水应能及时抽排，沟、井不发生溢水。

检查数量：按不小于排水沟总长、集水井总数的50%的要求检查。

检验方法：量测、观察。

4.3 轻型井点

基本要求

4.3.1 井点成孔直径不宜小于300 mm；井点管间距宜为0.8 m～1.6 m；冲孔深度应低于滤管底端0.5 m。设置2排以上井点时，排距应根据土层渗透性能而定，且不宜小于6 m。

4.3.2 单台真空泵配置的集水总管长度不宜大于60 m。多台泵组降水时，应依据地下工程特性、水文地质条件和施工工况，合理确定泵组井点的设置形式。

4.3.3 抽水运行前，应先检查真空负压、管路密封性能、孔口段封填效果和各泵组出水量等。

4.3.4 多级井点的拆除应根据基坑开挖和结构施工工况逐级进行，即先下级后上级，先回填后拆除；拆除下一级过程中，上级未拆井点应继续抽水。

主控项目

4.3.5 各泵组运行管路系统的真空负压不应小于0.065 MPa。

检查数量：每套泵组检查。

检验方法：检读真空压力表。

4.3.6 有效井点数不应小于各套设计井点数的90%，且相邻3个或以上井点不得同时失效，关键部位的每个井点均应有效。

检查数量：每套泵组井点检查。

检验方法：比较各泵组出水量，对出水量异常的泵组应逐点进行漏气、负压效果等状态检查。

4.3.7 坑内应基本干燥，无明显渗水、析水现象。

检查数量：全基坑检查。

检验方法：观察。

一般项目

4.3.8 井点管设置深度不应小于设计深度。井点间距偏差应控制在设定间距的±0.3 m以内。

检查数量：不应小于每套井点数的20%。

检验方法：尺量。

4.3.9 滤料规格应符合本标准第4.1.5条的规定。

检查数量：按批检查。

检验方法：观察并查阅滤料级配报告单。

4.3.10 滤料围填应符合料柱设计标高，围填滤料体积不应小于料柱设计计算容积的95%。

检查数量：不应小于每套井点数的50%。

检验方法：用尺量料面深度，或用小翻斗车体积累加法验证滤料围填量。

4.3.11 井点孔口段应用黏性土填实，不得使用粉土或砂性土，封填过程应分段捣实。封填环状柱高不应小于1.0 m。

检查数量：不应小于每套井点数的20%。

检验方法：用搓条法检验土性，用尺量环状柱高，用孔口浸水法检验封填密实性。

4.4 喷射井点

基本要求

4.4.1 成孔直径不宜小于350 mm，成孔深度应低于滤管底端1.0 m；井孔垂直度偏差不应大于1/100。单根成套的喷射井点，井点管最小间距不应小于2.0 m；多根成套的喷射井点，井点管间距宜为2.0 m～3.0 m。

4.4.2 洗井应至井内出水变清为止。

4.4.3 每套喷射井点数不宜大于 30 根。排水总管直径不宜小于 150 mm，总长不宜大于 60 m。多套井点呈环圈布置时，各套井点之间宜用阀门隔开，每套井点应自成系统。

4.4.4 井点管沉设完毕应及时进行单井试抽水。正式抽水运行前，应检查高压泵工作的水压力、真空度、管路密封性能、封孔效果等。

主控项目

4.4.5 单井试抽时，地面测定的真空负压不应小于 0.09 MPa；降水运行中、后期的真空负压不宜小于 0.065 MPa。

检查数量：每套泵组检查。

检验方法：检读真空表。

4.4.6 有效井点数不应小于各套施工井点总数的 90%，且相邻两个井点不得同时失效，关键部位的井点均应有效。

检查数量：每套泵组井点检查。

检验方法：比较各泵组出水量，对出水量异常的泵组应逐点进行漏气、负压效果等状态检查。

4.4.7 水位降深应满足设计要求，坑内开挖面应基本干燥，无明显渗水、析水现象。

检查数量：全基坑检查。

检验方法：量测观测井水位、观察坑内土的干燥状态。

一般项目

4.4.8 井点管深度不应小于设计深度。井点间距偏差应控制在设定间距的±10%以内。

检查数量：不应小于每套井点数的 50%。

检验方法：用测绳测深、用尺量距。

4.4.9 滤料规格应符合本标准第 4.1.5 条的规定。

检查数量：按批检查。

检验方法：观察并查阅滤料级配报告单。

4.4.10 滤料围填应符合环状料柱设计标高，围填量不应小于环状料柱设计计算容积的95%。

检查数量：全数检查。

检验方法：用测绳量测料面深度，或用小翻斗车体积累加法验证滤料围填量。

4.4.11 井点孔口段应用黏性土填实，不得使用粉土或砂土，黏性土应分段捣实。封填环状柱高不宜小于1.5 m。

检查数量：不应少于每套井点数的30%。

检验方法：用搓条法检验土性，用测绳量测环状封填柱高度，用孔口浸水法检验封填密实性。

4.5 疏干降水管井

基本要求

4.5.1 对于疏干效果要求高、预抽水时间不足的工程，可采用超强真空降水管井进行降水。

4.5.2 井管外径不宜小于273 mm，成孔直径不宜小于650 mm。

4.5.3 井管、滤水管的连接应保持平直。井管外壁扶中器的设置间隔宜为8 m～10 m。

4.5.4 滤料宜带水围填。常规疏干降水管井滤料柱顶面以上应用黏性土填实，封填黏土材料直径不应大于井管与孔壁之间间隙宽度的1/3。超强真空降水管井滤料应围填至地面。

4.5.5 洗井时，井内水位应持续大于滤水管顶端标高。当井内水位低于滤水管顶端标高时，应向井内回灌清水。

4.5.6 成井结束后应及时进行试抽水，检验出水量。对于真空疏干管井，应检验降水管井负压管路系统的真空负压是否满足要求。

主控项目

4.5.7 泥浆护壁回转钻进成孔的泥浆黏度，在黏性土层中宜为15 s～16 s；在粉性土、粉细砂土层中宜为17 s～18 s。钻进成孔时的泥浆密度不宜大于1.15 g/cm^3；终孔后清孔时的泥浆密度宜为1.08 g/cm^3～1.10 g/cm^3；井管设置后、滤料围填前的泥浆密度宜为1.05 g/cm^3～1.07 g/cm^3。

检查数量：不应小于管井总数的50%。

检验方法：用黏度计、密度计测定。

4.5.8 活塞洗井的全程提拉不应少于20次，持续时间不应少于2 h，并至井内泛水变清；空压机洗井应全部清除沉淀管中的沉渣。

检查数量：全数检查。

检验方法：观测活塞密封性，监听负压爆破声，观察泛水清浊度。

4.5.9 在降水运行期间，常规真空疏干管井的负压管路系统的真空负压不应小于0.065 MPa；超强真空降水管井的负压管路系统的真空负压不应小于0.08 MPa。

检查数量：全数检查。

检验方法：检读真空表。

4.5.10 有效管井数不应少于设计井数的90%。

检查数量：全数检查。

检验方法：用出水量比较方法检验。

4.5.11 降水效果应满足设计要求，坑底应基本干燥，无明显渗水、析水现象。

检查数量：全基坑开挖面检查。

检验方法：量测观测井水位，或观察坑内土的干燥状态。

一般项目

4.5.12 常规疏干管井质量检验标准应符合表4.5.12的规定。

表 4.5.12 常规疏干管井质量检验标准

<table>
<tr><th>序号</th><th>检查项目</th><th>允许偏差或允许值</th><th>检查数量</th><th>检验方法</th></tr>
<tr><td>1</td><td>井管沉设深度(m)</td><td>±0.2</td><td rowspan="2">≥50%
井数</td><td>测绳量测入土管长</td></tr>
<tr><td>2</td><td>管井间距(m)</td><td>±1.0</td><td>测绳量测井距</td></tr>
<tr><td>3</td><td>滤料规格</td><td>符合本标准第 4.1.5 条的规定</td><td>100%</td><td>级配单验收与观察</td></tr>
<tr><td rowspan="2">4</td><td rowspan="2">滤料围填</td><td>高出滤管顶端
2.0 m 以上</td><td rowspan="2">100%</td><td>测绳量测料面标高</td></tr>
<tr><td>滤料体积≥95%
计算容积</td><td>测算围填滤料体积</td></tr>
<tr><td rowspan="3">5</td><td rowspan="3">黏土封填</td><td>不得使用粉性土、
砂性土封填</td><td rowspan="3">≥50%
井数</td><td>搓条法检验土性</td></tr>
<tr><td>封填环形柱高≥1.5 m</td><td>测算围填黏土体积</td></tr>
<tr><td>分段捣实,基本
不漏水、气</td><td>孔口浸水检验</td></tr>
</table>

4.5.13 超强真空降水管井质量检验标准应符合表 4.5.13 的规定。

表 4.5.13 超强真空降水管井质量检验标准

<table>
<tr><th>序号</th><th>检查项目</th><th>允许偏差或允许值</th><th>检查数量</th><th>检验方法</th></tr>
<tr><td>1</td><td>井管沉设深度(m)</td><td>±0.15</td><td rowspan="2">≥50%
井数</td><td>测绳量测入土管长</td></tr>
<tr><td>2</td><td>管井间距(m)</td><td>±1.0</td><td>测绳量测井距</td></tr>
<tr><td>3</td><td>滤料规格</td><td>符合本标准第 4.1.5 条的规定</td><td>100%</td><td>级配单验收与观察</td></tr>
<tr><td rowspan="2">4</td><td rowspan="2">滤料围填</td><td>回填至地面</td><td rowspan="2">100%</td><td>测绳量测料面标高</td></tr>
<tr><td>滤料体积≥95%
计算容积</td><td>测算围填滤料体积</td></tr>
</table>

4.6 减压降水管井

基本要求

4.6.1 钢井管外径、成孔直径应符合本标准第 4.5.2 条的要求。

4.6.2 井管平直度、滤料围填与黏土封填应分别符合本标准第 4.5.3 和第 4.5.4 条的相应规定。

4.6.3 滤管段的扶中器宜设置在滤管顶端上方、滤管底端下方的部位。若钢滤管长度大于 10 m，宜在滤管中部增设 1 组扶中器；当滤管顶端上方的扶中器至井口高差大于 15 m 时，则可按每 12 m～15 m 间隔设置 1 组扶中器。

4.6.4 减压管井滤料柱顶面以上黏性土或黏土球的封填，应隔断承压含水层与上部潜水层的水力联系。

4.6.5 减压管井成井后，试抽水初始出水量应与预估出水量或邻近已完成井的初始出水量基本相当。

4.6.6 降水运行中抽排水中的含砂量体积比应小于 1/20 000。

主控项目

4.6.7 泥浆护壁回转钻进成孔的泥浆黏度与密度控制应符合本标准第 4.5.7 条的规定。

检查数量：全数检查。

检验方法：用黏度计、密度计测定。

4.6.8 活塞洗井的全程提拉不应少于 40 次，持续时间一般不应少于 4 h，并至井内泛水变清。空压机洗井应全部清除沉淀管中的沉渣。

检查数量：全数检查。

检验方法：观测活塞密封性，监听负压爆破声，观察泛水清浊度。

4.6.9 滤料围填的料面标高不应低于设计标高，且不小于滤管顶端以上 2.0 m,围填量不应小于料柱计算容积的 95%。

检查数量:全数检查。

检验方法:用测绳量测料面深度,或用小翻斗车体积累加法验证滤料围填量。

4.6.10 滤料顶面以上应使用黏性土或黏土球封填,封填应连续、密实,封填耗用泥料的体积应与实测黏土柱高的计算体积一致。

检查数量:全数检查。

检验方法:用搓条法检验封填土土性,用测绳量测封填土柱顶底标高。

4.6.11 有效井数应达到 100%。

检查数量:全数检查。

检验方法:用出水量比较方法检验,出水量不应小于设计值。

4.6.12 承压水水位降深应满足各开挖工况对承压水位控制的要求。

检查数量:检查所有的承压水位观测井。

检验方法:定时采集观测井内的承压水位。

一般项目

4.6.13 减压管井质量检验标准应符合表 4.6.13 的规定。

表 4.6.13 减压管井质量检验标准

<table>
<tr><th>序号</th><th>检查项目</th><th>允许偏差或允许值</th><th>检查数量</th><th>检验方法</th></tr>
<tr><td>1</td><td>井管沉设深度(m)</td><td>±0.15</td><td rowspan="2">100%</td><td>测绳量测入土管长</td></tr>
<tr><td>2</td><td>管井间距(m)</td><td>±1.0</td><td>测绳量测井距</td></tr>
<tr><td>3</td><td>滤料规格</td><td>符合本标准第 4.1.5 条的规定</td><td>100%</td><td>级配单验收与观察</td></tr>
</table>

续表4.6.13

序号	检查项目	允许偏差或允许值	检查数量	检验方法
4	黏土封填	不得使用粉性土、砂性土封填	100%	搓条法检验土性
		封填柱高允许偏差±1.0		测算围填黏土体积
		分段捣实，基本不漏水、气		孔口浸水检验

4.7 水位观测井

基本要求

4.7.1 井管外径不应小于168 mm，成孔直径应比井管外径大300 mm及以上。

4.7.2 应按照设计要求设置止水封闭层，防止潜水与地表水、承压水贯通。

主控项目

4.7.3 钻进成孔的泥浆黏度与密度控制应符合本标准第4.5.7条的规定。

检查数量：全数检查。

检验方法：用黏度计、密度计测定。

4.7.4 洗井工艺控制应符合本标准第4.6.8条的规定。

检查数量：全数检查。

检验方法：观测活塞密封性，监听负压爆破声，观察泛水清浊度。

一般项目

4.7.5 水位观测井一般项目施工质量检验标准应符合本标准

表 4.6.13 的规定。

4.8 减压降水运行风险控制

基本要求

4.8.1 减压降水运行风险控制系统应包括地下水位自动采集、水位异常自动报警、用电异常自动报警、备用电源自动切换智能控制，以及减压降水管井运行自动控制等功能。

一般项目

4.8.2 地下水位自动采集频率不应小于 12 次/h，宜采用远程实时监测。

检查数量：按设定的水位观测井数量检查。

检验方法：用量测、观察的方法检验。

4.8.3 水位异常报警、用电异常或断电报警反应时间不应大于 10 s。

检查数量：按智能控制设备系统配置套数检查。

检验方法：采用智能控制设备系统试运行方法检验。

4.8.4 在主电源断电后，备用电源智能控制系统应能实现备用电源的自动启动与切换、抽水泵自动延时启动等功能。备用电源额定功率应大于减压降水运行最大用电功率的 125%。

检查数量：全功能检查。

检验方法：采用备用电源智能控制系统试运行方法检验。

4.9 回灌管井

基本要求

4.9.1 钢井管外径、成孔直径应符合本标准第 4.5.2 条的规定。

4.9.2 井管扶正器数量与间距应符合本标准第 4.6.3 条的规定。

4.9.3 回灌管井滤料柱顶面以上黏土球的封填高度，应确保隔断回灌含水层与相邻含水层的水力联系。

4.9.4 成井结束后，应进行抽灌试验，且单位时间回灌量不宜小于单位时间抽水量的 1/5 倍。

4.9.5 回灌井休止期不应少于 20 d。井管外侧止水封闭层顶至地面之间，宜用素混凝土充填密实。

4.9.6 宜采用工程降水中抽汲的地下水，经水质处理后作为回灌水源。回灌水源应确保不污染地下水。

4.9.7 在回灌影响范围内，应设置水位观测井或孔隙水压力计。

4.9.8 回灌运行前，必须进行现场抽灌试验。

4.9.9 回灌运行过程中应不定期进行井内抽水回扬。

主控项目

4.9.10 钻进成孔的泥浆黏度与密度控制应符合本标准第 4.5.7 条的规定。

检查数量：全数检查。

检验方法：用黏度计、密度计测定。

4.9.11 活塞洗井的全程提拉次数不应少于 60 次，持续时间不应少于 6 h，并至井内泛水变清；空压机洗井应全部清除沉淀管中的沉渣。

检查数量：全数检查。

检验方法：观察活塞密封性，监听负压爆破声，观察泛水清浊度。

4.9.12 滤料围填的料柱面标高不应低于设计标高，且滤管顶端以上料柱高度不小于 2.0 m；围填量不应小于料柱计算容积的 100%。

检查数量：全数检查。

检验方法:用测绳量测料面深度,或用小翻斗车体积累加法验证滤料围填量。

4.9.13 滤料顶面以上应使用黏性土或泥球封填,封填应连续、密实,封填耗用泥料的体积应与设计值一致。井管外侧止水封闭层顶至地面之间,宜用素混凝土充填密实。

检查数量:全数检查。

检验方法:用搓条法检验封填土土性,用测绳量测封填土柱顶底深度。

4.9.14 有效井数不应小于设计井数的90%,且单位回灌量不宜小于单位抽水量的1/5倍。

检查数量:全数检查。

检验方法:用回灌量及出水量比较的方法检验。

4.9.15 回灌水应有回灌含水层及回灌水源的水质分析报告。

检查数量:检查回灌含水层水样和回灌水源水样各1件。

检验方法:采用水质分析试验进行检验。

4.9.16 采取地下水回灌措施后,基坑内地下水位控制应满足开挖工况的需求。环境保护区内地下水位控制应满足环境保护要求。

检查数量:检查坑内外所有观测井,包括孔隙水压力监测点。

检验方法:定时测定回灌含水层的承压水水位及孔隙水压力变化。

一般项目

4.9.17 回灌管井质量检验标准应符合表4.9.17的规定。

表 4.9.17 回灌管井质量检验标准

序号	检查项目	允许偏差或允许值	检查数量	检验方法
1	井管沉设深度(m)	±0.15	100%	测绳量测入土管长
2	管井间距(m)	±1.0		测绳量测井距

续表4.9.17

序号	检查项目	允许偏差或允许值	检查数量	检验方法
3	滤料规格	符合本标准第4.1.5条的规定	100%	级配单验收与观察
4	混凝土或注浆封孔	满足设计要求	100%	测算混凝土或注浆量

4.10 管井封井

基本要求

4.10.1 封井前,结构设计单位应核算地下结构抗浮稳定性。

4.10.2 在底板浇筑完毕后实施封井的管井,应在井管外壁位于底板中部处焊接1道～2道止水钢板。止水钢板外径不宜小于600 mm,板厚不宜小于6 mm。

4.10.3 潜水含水层中的疏干降水管井,可采取黏性土、混凝土封填等方法。

4.10.4 联合降水管井、减压降水管井、承压水位观测井等进入微承压含水层、承压含水层中的管井,可采用素混凝土封填、压密注浆封填等方法。

4.10.5 封井作业完成后,应通过井内渗水试验检验封井质量。对于坑内的联合降水管井、减压降水管井、承压水位观测井,在确定封井可靠有效后,应在低于底板顶面部位20 cm深度范围内封焊1道～2道井内止水钢板,并用砂浆封填至与底板顶面。

主控项目

4.10.6 粒径0.5 cm～1.0 cm的细石子回填量、注浆量或混凝土回填量应满足设计文件要求。

检查数量:全数检查。

检验方法:用小斗车或桶的体积累加法验证测算。

4.10.7 混凝土强度等级应比地下结构底板混凝土强度等级高一级。

检查数量：检查 50%。

检验方法：用试块抗压试验。

4.10.8 止水钢板与井管焊接部位应无裂缝、渗水。

检查数量：全数检查。

检验方法：采用渗水试验方法检验。

4.10.9 注浆或混凝土回填、养护后，应无地下水上渗。

检查数量：全数检查。

检验方法：采用渗水试验方法检验，24 h 内应无水渗出。

4.11 深井井点降水

基本要求

4.11.1 降水施工前，施工现场应落实供水、供电、排水、排浆等作业条件。

4.11.2 井点施工应在围护结构和地基加固完成后施工，同一作业面不宜同时安排井点与地基加固施工作业。若必须同时施工时，作业面之间间距不应小于 50 m。

主控项目

4.11.3 降水井施工质量应符合下列规定：

1 钻孔清孔后泥浆比重≤1.08 g/cm^3，井管设置后泥浆比重≤1.05 g/cm^3。

2 井点管结构与设计相符。

3 井管下放必须采用扶正器，保证井管居中竖直。

4 井点管焊接完整，无咬肉，无空缺，无渗漏。

5 降压井成孔垂直度偏差不得大于 1/100。

一般项目

4.11.4 井点施工完成后，应采取加装井盖等有效保护措施，避免杂物掉落、泥水流入等。

4.11.5 降水井点施工应严格执行职业健康安全和环境保护的有关规定，做好废浆渣土的外运和排放，不得在场区内随意排浆，严禁违章排放。

4.11.6 现场抽水试验、降水验证和施工降水期间均应形成完备的降水记录。记录中应包括每口抽水井的流量和观测井的水位，现场抽水试验和降水验证期间还应记录每口抽水井的动水位。

5 地基基础与基坑围护

5.1 一般规定

5.1.1 本章内容依据《地下铁道工程施工质量验收标准》GB 50299、《市政地下工程施工质量验收规范》DG/TJ 08—236、《建筑地基工程施工质量验收标准》GB 50202、《混凝土结构工程施工质量验收规范》GB 50204、《铁路混凝土工程施工质量验收标准》TB 10424、《基坑工程技术标准》DG/TJ 08—61 等现行标准编制而成。

5.1.2 基坑围护结构施工方案应综合考虑基坑深度及平面尺寸、施工场地及周围环境保护要求、施工装备、工艺能力及施工工期等因素。

5.1.3 开挖深度 3 m 及以上基坑，其围护结构应由具备相应设计资质的单位进行专项设计，其围护结构设计及施工方案应通过专家评审。

5.1.4 基坑围护结构施工应有设计文件和经过总监理工程师审批的施工组织设计文件。

5.1.5 基坑围护和地基处理施工质量验收还应符合现行国家标准《建筑地基基础工程施工质量验收标准》GB 50202 的规定。地基基础工程施工质量验收应符合以下规定：

1 地基基础工程施工质量应符合验收规定的要求。

2 质量验收的程序应符合验收规定的要求。

3 工程质量的验收应在施工单位自行检查评定合格的基础上进行。

4 质量验收应进行分部、分项工程验收。

5　质量验收应按主控项目和一般项目验收。

5.1.6　结构施工质量验收还应符合现行国家标准《混凝土结构工程施工质量验收规范》GB 50204 的规定。混凝土结构子分部工程可划分为模板、钢筋、预应力、混凝土等分项工程。各分项工程可根据与生产和施工方式相一致且便于控制施工质量的原则，按进场批次、工作班、楼层、结构缝或施工段划分为若干个检验批。

5.1.7　围护结构施工前，应探明并清除围护结构部位的地下障碍物，围护结构的导墙、导沟、护筒施工时应挖至原状土。采用地下连续墙或钻孔灌注桩围护时，围护结构部位有厚度较大的填土层或暗浜时，施工前应对填土层或暗浜采取有效处理措施。

5.1.8　基坑围护结构单元桩体或墙体的排列应符合设计文件规定；单元桩体或墙体间以及不同类型的不同刚度的围护墙体交接处应采取加固防渗措施。

5.1.9　基坑工程变形控制及监测应符合国家现行相关标准的规定。

5.2　地下连续墙

基本要求

5.2.1　地下连续墙施工前，应对基准线、水准基点进行复核测量，并应在施工中进行复测及保护。邻近地下管线、建(构)筑物及地下障碍物、暗浜、浅部砂性土等不良地质时，应进行查验和处理。

5.2.2　地下连续墙施工应对导墙、泥浆、成槽、钢筋笼、混凝土、墙底注浆及成墙的质量进行检验。

5.2.3　作为永久结构的地下连续墙，其与地下结构底板、梁及楼板之间连接的预埋钢筋接驳器应按原材料检验要求进行抽样复验，取每 500 套为 1 个检验批，每批应抽检 3 件，复验内容为外观、尺寸、抗拉强度等。

5.2.4 混凝土抗压强度和抗渗等级应符合设计要求。混凝土抗压强度试件每 100 m^3 混凝土不应少于 1 组，且每幅槽段不应少于 1 组，每组不应少于 3 件；混凝土抗渗试件每 5 幅槽段不应少于 1 组，每组不应少于 6 件。作为永久结构的地下连续墙，其抗渗质量标准可按现行国家标准《地下防水工程质量验收规范》GB 50208 的规定执行。

5.2.5 作为永久结构的地下连续墙施工结束后，应采用超声波透射法对墙身质量进行检验，同类型槽段的检查数量不应少于 20%，且不得少于 3 幅。

5.2.6 上海地区深度超过 75 m 的地下连续墙施工，应按超深地下连续墙质量要求进行检验。

5.2.7 地下连续墙墙底注浆应在墙体混凝土达到设计混凝土强度后进行。槽段长度小于等于 2.8 m 时，注浆管数量不应少于 1 根；槽段长度大于 2.8 m 且小于等于 6.2 m 时，注浆管数量不应少于 2 根；槽段长度大于 6.2 m 时，宜增加注浆管数量。注浆总量达到设计要求或注浆量达到 80%以上，且一般墙注浆压力达到 2 MPa，超深墙注浆压力达到 3 MPa 后，方可终止注浆。

主控项目

5.2.8 地下连续墙施工采用的原材料、钢筋焊接应符合设计文件和有关规范的规定。

检查数量：施工单位分批分次检查，监理单位按施工单位检查数量的 20%抽查。

检验方法：查验原材料生产许可证、质量保证书及复验报告、钢筋焊接试验报告。

5.2.9 地下连续墙导墙主控项目质量检验标准应符合表 5.2.9 的规定。

表 5.2.9　地下连续墙导墙主控项目质量检验标准

序号	检查项目	允许偏差或允许值(mm)	检查数量		检验方法
			范围	点数	
1	导墙平面位置	±10	每施工段	2	尺量
2	垂直度	≤H/500，且≤5			线锤、尺量

注：H 为导墙深度(mm)。

检查数量：施工单位、监理单位全数检查。

5.2.10　地下连续墙泥浆主控项目质量检验标准应符合表 5.2.10 的规定。

表 5.2.10　地下连续墙泥浆主控项目质量检验标准

序号	检查项目		允许偏差或允许值(g/cm^3)	检查数量		检验方法
				范围	点数	
1	新拌制泥浆比重		1.03～1.10	新拌制泥浆池(筒)	1 次/d	泥浆比重计
2	清孔后槽内泥浆比重	一般墙	≤1.15	槽内上、中和离槽底 500 mm 处	3	
		超深墙	≤1.20			

检查数量：施工单位、监理单位全数检查。

5.2.11　地下连续墙成槽主控项目质量检验标准应符合表 5.2.11 的规定。

表 5.2.11　地下连续墙成槽主控项目质量检验标准

序号	检查项目		允许偏差或允许值	检查数量		检验方法
				范围	点数	
1	垂直度	抓斗成槽	≤1/300	每幅槽段	1 点/2.8 延长米	超声波仪或成(铣)槽机上监测系统连续扫描
		套铣成槽	≤1/500			
		超深墙	≤1/800			

检查数量:施工单位、监理单位全数检查。

5.2.12 地下连续墙钢筋笼主控项目质量检验标准应符合表 5.2.12 的规定。

表 5.2.12 地下连续墙钢筋笼主控项目质量检验标准

序号	检查项目		允许偏差或允许值(mm)	检查数量		检验方法
				范围	点数	
1	厚度		−10～0	每幅钢筋笼	3	尺量,每片钢筋网检查上、中、下3处
2	长度		±100		3	
3	宽度		−20～0		3	
4	主筋间距		±10		4	尺量
5	钢筋笼对角线长度差		±20		1	
6	钢筋笼安装	平面位置	<20		1	
		顶面标高	<10		4	水准仪测量

检查数量:施工单位、监理单位全数检查。

5.2.13 地下连续墙混凝土浇灌主控项目质量检验标准应符合表 5.2.13 的规定。

表 5.2.13 地下连续墙混凝土浇灌主控项目质量检验标准

序号	检查项目		允许偏差或允许值(mm)	检查数量		检验方法
				范围	点数	
1	坍落度	一般墙	180～220	每幅槽段	3	坍落度筒测量
		超深墙	200～240		3	
2	扩散度	一般墙	340～380		3	
		超深墙	340～400			

检查数量:施工单位全数检查,监理单位按施工单位检查数量的 20%抽查。

5.2.14 地下连续墙成墙主控项目质量检验标准应符合表 5.2.14 的规定。

表 5.2.14 地下连续墙成墙主控项目质量检验标准

序号	检查项目	允许偏差或允许值	检查数量		检验方法
			范围	点数	
1	混凝土强度等级	符合设计要求	每幅槽段	1	检查混凝土抗压、抗渗试验报告
2	混凝土抗渗等级	符合设计要求	每 5 幅槽段	1	

检查数量:施工单位全数检查,监理单位按施工单位检查数量的 20%见证检验。

一般项目

5.2.15 地下连续墙导墙一般项目质量检验标准应符合表 5.2.15 的规定。

表 5.2.15 地下连续墙导墙一般项目质量检验标准

序号	检查项目	允许偏差或允许值(mm)	检查数量		检验方法
			范围	点数	
1	导墙内净距	±10	每施工段	2	尺量
2	导墙顶面平整度	≤5		2	尺量
3	导墙顶标高	±20		2	水准仪测量
4	导墙两侧顶面高差	±10		2	水准仪测量

检查数量:施工单位、监理单位全数检查。

5.2.16 地下连续墙泥浆一般项目质量检验标准应符合表 5.2.16 的规定。

表 5.2.16　地下连续墙泥浆一般项目质量检验标准

序号	检查项目			允许偏差或允许值		检查数量		检验方法
				单位	数值	范围	点数	
1	新拌制泥浆	黏度	黏性土	s	20～25	新拌制泥浆池（筒）	1 次/d	漏斗法
			砂性土	s	25～35			
2		胶体率		%	＞98			量筒法
3		失水量	一般墙	＜30 ml/30 min				失水量仪
			超深墙	＜25 ml/30 min				
4		泥皮厚度		mm	＜1.5			失水量仪
5		pH 值		8～9				pH 试纸
6	循环泥浆	比重	一般墙	g/cm^3	1.05～1.25	槽段口或出浆口	1 次/8 h	比重计
7			超深墙	g/cm^3	1.05～1.30			
8		黏度	黏性土	s	20～30			漏斗法
9			砂性土	s	22～40			
10		失水量		＜30 ml/30 min			1 次/d	失水量仪
11		泥皮厚度		mm	＜3			失水量仪
		pH 值		8～11			1 次/8 h	pH 试纸
		含砂率	黏性土	%	≤4			泥浆含砂量测定仪
			砂性土	%	≤7			
12	清孔后槽内泥浆	黏度		s	20～30	槽内上、中和离槽 500 mm 处	3	漏斗法
13		含砂率	一般墙	%	≤7			泥浆含砂量测定仪
14			超深墙	%	上≤3			
				%	中≤5			
				%	下≤7			
15		pH 值	一般墙	8～9				pH 试纸
16			超深墙	8～10				

检查数量:施工单位、监理单位全数检查。

5.2.17 地下连续墙成槽一般项目质量检验标准应符合表 5.2.17 的规定。

表 5.2.17 地下连续墙成槽一般项目质量检验标准

<table>
<tr><th rowspan="2">序号</th><th rowspan="2" colspan="2">检查项目</th><th rowspan="2">允许偏差或允许值(mm)</th><th colspan="2">检查数量</th><th rowspan="2">检验方法</th></tr>
<tr><th>范围</th><th>点数</th></tr>
<tr><td>1</td><td colspan="2">成槽深度(清孔后)</td><td>不小于设计值</td><td rowspan="7">每幅槽段</td><td rowspan="2">1 点/2.8 延长米</td><td>测绳测量</td></tr>
<tr><td>2</td><td colspan="2">成槽厚度</td><td>不小于设计值</td><td>超声波仪或成槽机上监测系统连续扫描</td></tr>
<tr><td rowspan="2">3</td><td rowspan="2">沉渣厚度</td><td>一般墙</td><td>≤100</td><td rowspan="2">/</td><td>重锤探测或沉积物测定仪测量</td></tr>
<tr><td>超深墙</td><td>/</td><td>泥浆置换率 100%</td></tr>
<tr><td rowspan="2">4</td><td rowspan="2">槽位</td><td>一般墙</td><td>≤30</td><td rowspan="2">1</td><td rowspan="2">尺量</td></tr>
<tr><td>超深墙</td><td>≤20</td></tr>
<tr><td>5</td><td colspan="2">接头处两槽段中心线偏差</td><td>≤1/4 墙厚,且不侵占内衬边界</td><td>1</td><td>相邻两槽超声波资料对比</td></tr>
</table>

检查数量:施工单位、监理单位全数检查。

5.2.18 地下连续墙钢筋笼一般项目质量检验标准应符合表 5.2.18 的规定。

表 5.2.18 地下连续墙钢筋笼一般项目质量检验标准

序号	检查项目	允许偏差或允许值(mm)	检查数量		检验方法
			范围	点数	
1	分布筋间距	±20	每幅钢筋笼	4	在任何一个断面连续测量,取钢筋间距、取其平均值作为一点

续表5.2.18

<table>
<tr><th rowspan="2">序号</th><th rowspan="2">检查项目</th><th rowspan="2">允许偏差或允许值(mm)</th><th colspan="2">检查数量</th><th rowspan="2">检验方法</th></tr>
<tr><th>范围</th><th>点数</th></tr>
<tr><td>2</td><td>预埋连接钢筋或接驳器中心位置</td><td>±10</td><td rowspan="3">每幅钢筋笼</td><td rowspan="2">20%</td><td rowspan="3">尺量</td></tr>
<tr><td>3</td><td>预埋件中心位置</td><td>±10</td></tr>
<tr><td>4</td><td>钢筋笼保护层厚度</td><td>0～+10</td><td>3</td></tr>
<tr><td>5</td><td>钢筋笼制作平台平整度</td><td>±20</td><td>每3幅</td><td>若干</td><td>尺量</td></tr>
</table>

检查数量:施工单位、监理单位全数检查。

5.2.19 地下连续墙混凝土浇灌一般项目质量检验标准应符合表5.2.19的规定。

表5.2.19 地下连续墙混凝土浇灌一般项目质量检验标准

<table>
<tr><th rowspan="2">序号</th><th rowspan="2" colspan="2">检查项目</th><th colspan="2">允许偏差或允许值</th><th colspan="2">检查数量</th><th rowspan="2">检验方法</th></tr>
<tr><th>单位</th><th>数值</th><th>范围</th><th>点数</th></tr>
<tr><td rowspan="2">1</td><td rowspan="2">混凝土上升速度</td><td>一般墙</td><td rowspan="2">m/h</td><td>3～8</td><td rowspan="3">每幅槽段</td><td rowspan="2">5</td><td rowspan="3">测锤、查混凝土浇灌记录</td></tr>
<tr><td>超深墙</td><td>5～12</td></tr>
<tr><td>2</td><td colspan="2">相邻两导管间混凝土高差</td><td>m</td><td>≤0.5</td><td>3</td></tr>
<tr><td rowspan="2">3</td><td rowspan="2" colspan="2">浇灌过程中导管埋入混凝土深度</td><td rowspan="2">m</td><td rowspan="2">2～6</td><td>每车混凝土</td><td>1</td><td rowspan="2">测绳测量</td></tr>
<tr><td>每拆一次导管</td><td>1</td></tr>
</table>

检查数量:施工单位全数检查,监理单位按施工单位检查数量的20%抽查。

5.2.20 地下连续墙成墙一般项目质量检验标准应符合表5.2.20的规定。

表 5.2.20　地下连续墙成墙一般项目质量检验标准

序号	检查项目		允许偏差或允许值		检查数量		检验方法
			单位	数值	范围	点数	
1	整修后墙面平整度	一般墙	mm	≤50	每幅槽段	3	吊垂线尺量、拉直线尺量
		超深墙	mm	≤100			
2	预埋件		mm	≤30		全数	观察、尺量
3	预埋连接钢筋或接驳器中心位置			≤30		10%	
4	墙面露筋面积	分离墙	≤1% 不得露石、夹泥		每幅槽段	全数	观察、尺量
		单层墙	无				
		叠合墙	≤1%				
5	永久结构的渗漏水		无渗漏、线流，且≤0.1 $L/(m^2 \cdot d)$		每幅槽段	全数	现场检查

检查数量：施工单位全数检查，监理单位按施工单位检查数量的 20%抽查。

5.2.21　地下连续墙成槽质量的检测段数不宜少于总槽段数的 20%，且不应少于 10 个槽段，每个槽段不应少于 2 个检测断面；兼作地下室永久结构时，每个槽段均应检测，且每个槽段不应少于 2 个检测断面，在成墙后，应采用超声波透射法检测墙身混凝土质量，检测墙段数不宜少于总墙段数的 20%，且不应少于 3 幅。

5.3　水泥土重力式围护墙

基本要求

5.3.1　水泥土重力式围护墙宜采用双轴水泥土搅拌桩或三轴水泥土搅拌桩等形式。采用水泥土重力式围护墙的基坑开挖深度不宜超过 7 m。

5.3.2 双轴水泥土搅拌桩水泥掺量宜取 13%～15%(234 kg～270 kg)，三轴水泥土搅拌桩水泥掺量宜取 20%～22%(360 kg～396 kg)，搅拌桩水泥掺量以每立方米加固所拌和的水泥重量与土的重量之比计，土的重度可取 18 kN/m³。水泥宜采用 P. O 42.5 级普通硅酸盐水泥。

5.3.3 水泥土搅拌桩的强度以 28 d 无侧限抗压强度 q_u 为标准，q_u 不应低于 0.8 MPa。搅拌桩达到设计强度和养护龄期后，方可开挖基坑。水泥土重力式围护墙中，兼作隔水帷幕的搅拌桩应满足自防渗要求。

5.3.4 水泥土重力式围护墙采用双轴水泥土搅拌桩施工时，应按本标准第 5.13 节水泥土搅拌桩的规定进行施工质量验收。

5.3.5 水泥土重力式围护墙采用三轴水泥土搅拌桩施工时，应按本标准第 5.4 节型钢水泥土搅拌墙的规定进行施工质量验收。

5.4 型钢水泥土搅拌墙

基本要求

5.4.1 采用在三轴水泥土搅拌桩内插型钢时，应符合现行行业标准《型钢水泥土搅拌墙技术规程》JGJ/T 199 的相关规定。

5.4.2 三轴水泥土搅拌桩施工前，应通过成桩试验确定搅拌下沉和提升速度、水泥浆液水灰比等工艺参数及成桩工艺，试成桩数量不应少于 2 根。

5.4.3 铣削深搅水泥土搅拌墙正式施工前，应通过试成墙试验确定不同地层条件下等厚度水泥土搅拌墙设备施工能力、成墙工艺、浆液水胶比、挖掘及成墙速度等工艺参数，试成墙不应少于 3 幅。

主控项目

5.4.4 水泥、外掺剂和钢材等原材料质量应符合设计文件和国家现行有关标准的规定。

检查数量：施工单位按批检查，监理单位按施工单位检查数量的20%抽查。

检验方法：查验产品合格证书及复试报告。

5.4.5 型钢的规格应满足设计要求，其质量应符合现行国家标准《型钢验收、包装、标志及质量证明书的一般规定》GB/T 2101的有关规定。

检查数量：施工单位全数检查，监理单位按施工单位检查数量的20%抽查。

检验方法：检查产品合格证、出厂检验报告。

5.4.6 基坑开挖前应检验水泥土搅拌桩的桩身强度，强度指标应符合设计要求。水泥土搅拌桩的强度宜采用浆液试块强度试验的方法确定，也可采用钻取桩芯强度试验的方法确定。浆液试块数量为每台班抽查2根桩，每根桩设不少于2个取样点，应在基坑坑底以上1 m范围内和坑底以上最软弱土层处的搅拌桩内设置取样点，每个取样点制作3件水泥土试块；钻取桩芯数量宜不少于总桩数的2%，且不应少于3根。监理单位按施工单位检查数量的20%平行检测。

5.4.7 内插型钢主控项目的质量检验标准应符合表5.4.7的规定。

表5.4.7 内插型钢主控项目的质量检验标准

序号	检查项目	允许偏差或允许值(mm)	检查数量	检验方法
1	型钢截面高度	±5	每根	尺量
2	型钢截面宽度	±3	每根	尺量
3	型钢长度	±10	每根	尺量

检查数量：施工单位全数检查，监理单位按施工单位检查数量的20%抽查。

5.4.8 型钢水泥土搅拌墙(SMW)中三轴水泥土搅拌桩主控项目质量检验标准应符合表5.4.8的规定。

表5.4.8 型钢水泥土搅拌墙(SMW)中三轴水泥土搅拌桩主控项目质量检验标准

<table>
<tr><th rowspan="2">序号</th><th rowspan="2">检查项目</th><th rowspan="2">允许偏差或允许值</th><th colspan="2">检查数量</th><th rowspan="2">检验方法</th></tr>
<tr><th>范围</th><th>点数</th></tr>
<tr><td>1</td><td>桩身强度</td><td>不小于设计值</td><td>每台班</td><td>2</td><td>28 d试块强度或钻芯法</td></tr>
<tr><td>2</td><td>水泥用量</td><td>不小于设计值</td><td>每台班</td><td>3</td><td>查看流量表</td></tr>
</table>

检查数量:施工单位全数检查,监理单位按施工单位检查数量20%见证检查。

一般项目

5.4.9 型钢插入一般项目质量检验标准应符合表5.4.9的规定。

表5.4.9 型钢插入一般项目质量检验标准

<table>
<tr><th rowspan="2">序号</th><th rowspan="2">检查项目</th><th rowspan="2">允许偏差或允许值</th><th colspan="2">检查数量</th><th rowspan="2">检验方法</th></tr>
<tr><th>范围</th><th>点数</th></tr>
<tr><td>1</td><td>型钢垂直度</td><td>≤1/200</td><td>每根</td><td>全过程</td><td>经纬仪量测</td></tr>
<tr><td>2</td><td>型钢顶标高(mm)</td><td>±50</td><td>每根</td><td>1</td><td>水准仪量测</td></tr>
<tr><td rowspan="2">3</td><td rowspan="2">型钢插入平面位置(mm)</td><td>≤50(平行于基坑边线)</td><td>每根</td><td>1</td><td rowspan="2">尺量</td></tr>
<tr><td>≤10(垂直于基坑边线)</td><td>每根</td><td>1</td></tr>
<tr><td>4</td><td>形心转角(°)</td><td>≤3</td><td>每根</td><td>1</td><td>量角器量测</td></tr>
</table>

检查数量:施工单位全数检查,监理单位按施工单位检查数量的20%抽查。

5.4.10 型钢水泥土搅拌墙(SMW)一般项目质量检验标准应符合表 5.4.10 的规定。

表 5.4.10 型钢水泥土搅拌墙(SMW)一般项目质量检验标准

序号	检查项目	允许偏差或允许值	检查数量		检验方法
			范围	点数	
1	桩底标高(mm)	+100, −50	每根	1	测钻杆长度或检查自动深度记录仪
2	桩位偏差(mm)	≤50	每根	1	尺量
3	桩径(mm)	±10	每根	1	尺量钻头
4	桩体垂直度	≤1/200	每根	全过程	经纬仪量测或检查自动测斜仪

注:测量桩位偏差时,应保证桩机平面定位偏差小于 20 mm;测量桩体垂直度时,应保证导向架垂直度偏差小于 1/250。

检查数量:施工单位全数检查,监理单位按施工单位检查数量的 20%抽查。

5.5 渠式切割水泥土连续墙(TRD)

基本要求

5.5.1 渠式切割水泥土连续墙的质量检查和验收应分为成墙期监控、成墙验收和基坑开挖期检查三个阶段。

5.5.2 成墙期监控内容应包括检验施工机械性能、材料质量,检查渠式切割水泥土连续墙和型钢的定位、长度、标高、垂直度,水泥土连续墙的水灰比、水泥掺量、外加剂掺量,切割下沉与提升速度、浆液的泵压、泵送量与喷浆均匀度,水泥土试块的制作与测试,水泥土连续墙施工间歇时间及型钢的规格、拼接焊缝质量等。

5.5.3 成墙验收内容应包括水泥土连续墙体的强度与渗透性能,型钢的位置偏差等。

5.5.4 基坑开挖期检查内容应包括检查开挖墙面的质量与渗漏水情况，腰梁和型钢的贴紧状况等。

5.5.5 渠式切割水泥土连续墙基坑工程中的支撑系统、土方开挖等分项工程的质量验收，应符合现行国家标准《建筑地基基础工程施工质量验收规范》GB 50202 等的有关规定。

主控项目

5.5.6 水泥、外加剂等原材料的检验项目和技术指标应符合设计要求和现行国家标准的规定。

检查数量：按批检查。

检验方法：查产品合格证及复试报告。

5.5.7 浆液水灰比、水泥掺量应符合设计和施工工艺要求，浆液不得离析。

检查数量：按台班检查，每台班不得少于 3 次。

检验方法：浆液水灰比用比重计检查，水泥掺量用计量装置检查。

5.5.8 H 型钢规格和焊缝质量应全数检查。H 型钢的规格应满足设计要求，其质量应满足现行国家标准《型钢验收、包装、标志及质量证明书的一般规定》GB/T 2101 的有关规定。质量检验标准应符合表 5.5.8 的规定。

表 5.5.8 H 型钢质量检验标准

序号	检查项目	允许偏差或允许值(mm)	检验方法
1	截面高度	±5.0	尺量
2	截面宽度	±3.0	尺量
3	模板厚度	−1.0	游标卡尺量
4	翼缘板厚度	−1.0	游标卡尺量
5	型钢长度	±50	尺量
6	型钢挠度	$L/500$	尺量

注：表中 L 为型钢长度。

焊缝质量应符合设计要求和现行行业标准《焊接 H 型钢》YB 3001 和《建筑钢结构焊接技术规程》JGJ 81 的规定。

检查数量：施工单位每批检查。监理单位按施工单位检查数量的 20%抽查。

检验方法：采用现场观察和超声波探伤。

一般项目

5.5.9 基坑开挖前应检验水泥土墙身的强度，强度指标应符合设计要求。水泥土墙身强度应采用试块试验确定，可根据土层分布和墙体所在位置的重要性在墙身不同深度处的 3 点取样，采用水下养护测定 28 d 无侧限抗压强度。安全等级为一级的基坑工程，宜结合 28 d 龄期后钻孔取芯等方法综合判定。

5.5.10 渠式切割水泥土连续墙成墙质量检验标准应符合表 5.5.10 的规定。

表 5.5.10 渠式切割水泥土连续墙成墙质量检验标准

序号	检查项目	允许偏差或允许值	检查数量	检验方法
1	墙底标高	+30 mm	每切割幅	切割链长度
2	墙中心线位置	±25 mm	每切割幅	尺量
3	墙宽	±30 mm	每切割幅	尺量
4	墙垂直度	≤1/250	每切割幅	多段式倾斜仪测量

检查数量：施工单位每批检查。监理单位按施工单位检查数量的 20%抽查。

5.5.11 型钢插入质量检验标准应符合表 5.5.11 的规定。

表 5.5.11 型钢插入质量检验标准

序号	检查项目	允许偏差或允许值	检查数量	检验方法
1	型钢顶标高	±50 mm	每根	水准仪测量

续表5.5.11

序号	检查项目	允许偏差或允许值	检查数量	检验方法
2	型钢平面位置	50 mm(平行于基坑边线)	每根	尺量
		10 mm(垂直于基坑边线)	每根	尺量
3	型钢垂直度	≤1/250	每根	经纬仪测量
4	形心转角	3	每根	量角器测量

检查数量:施工单位每批检查。监理单位按施工单位检查数量的20%抽查。

5.6 灌注桩排桩围护墙

基本要求

5.6.1 钻孔灌注桩围护墙采用搅拌桩作止水帷幕时,宜先施工搅拌桩后施工灌注桩;采用高压旋喷桩作止水帷幕时,宜先施工灌注桩后施工旋喷桩。止水帷幕施工应连续进行,帷幕施工质量应符合相关规定。

5.6.2 钻孔灌注桩的施工应符合现行上海市工程建设规范《钻孔灌注桩施工规程》DG/TJ 08—202 的规定,并应相隔4倍桩径跳开施工。

5.6.3 钻孔灌注桩钻孔过程中,若发现斜孔、弯孔、缩孔、塌孔或沿护筒周围冒浆或地面沉陷等现象,应及时采取处理措施。

5.6.4 钻孔灌注桩混凝土应按水下混凝土要求配置,混凝土试块强度应不低于桩身设计强度的1.15倍。

主控项目

5.6.5 钻孔灌注桩所采用的原材料、钢筋焊接应符合设计文件和有关规范规定。

检查数量:分批分次检查。

检验方法:查验原材料生产许可证、质量保证书及复试报告、钢筋焊接试验报告。

5.6.6 钻孔灌注桩围护墙隔水帷幕应符合设计文件规定。

检查数量:全数检查。

检验方法:查验施工记录。

5.6.7 钻孔灌注桩上下节钢筋笼主筋接头应50%错开,错开长度不小于35倍钢筋直径。钢筋接头采用焊接连接时,其质量应符合现行行业标准《钢筋焊接及验收规程》JGJ 18的有关规定;钢筋接头采用机械连接时,其质量应符合现行行业标准《钢筋机械连接技术规程》JGJ 107的有关规定;钢筋接头搭接连接时,搭接长度不应小于35倍钢筋直径,并应可靠焊接,保证接头下部钢筋笼不坠落。

检查数量:每根检查。

检验方法:尺量。

5.6.8 相邻桩钢筋笼搭接位置应错开,错开长度不应小于2倍桩直径。

检查数量:全数检查。

检验方法:尺量。

5.6.9 钻孔灌注桩围护墙主控项目质量检验标准应符合表5.6.9的规定。

表5.6.9 钻孔灌注桩围护墙主控项目质量检验标准

序号	检查项目		允许偏差或允许值	检查数量		检验方法
				范围	点数	
1	成孔	孔深(mm)	+300,0	每根桩	1	测绳测量
2		护筒中心(mm)	≤20	每根桩	1	桩机就位前尺量护筒

续表5.6.9

序号	检查项目		允许偏差或允许值	检查数量		检验方法
				范围	点数	
3	钢筋笼	主筋间距(mm)	±10	每根桩	3	尺量
4		长度(mm)	±100	每根桩	1	尺量
5	成桩	混凝土强度	不小于设计要求	每根桩1组		检查试块报告

一般项目

5.6.10 钻孔灌注桩围护墙一般项目质量检验标准应符合表5.6.10的规定。

表5.6.10 钻孔灌注桩围护墙一般项目质量检验标准

序号	检查项目			允许偏差或允许值	检查数量		检验方法
					范围	点数	
1	成孔	垂直度		<1/100	每根桩	1	测钻杆或井径仪测量
2		泥浆比重(两次清孔后)		1.15～1.20	每根桩	1	比重计测量
3		桩径(mm)		±50	每根桩	1	井径仪测量
4		泥渣厚度(mm)	支护桩	≤200	每根桩	1	测绳测量
			支护桩(兼承重桩)	≤100			
5	钢筋笼	混凝土保护层(mm)		±20	每根桩	3	尺量
6		钢筋笼安装深度(mm)		±100	每根桩	1	尺量
7		箍筋间距(mm)		±20	每根桩	3	尺量
8		直径(mm)		±10	每根桩	3	尺量
9	成桩	混凝土充盈系数		>1	每根桩	1	检查实际灌注量
10		混凝土坍落度(mm)		160～220	每根桩	2	坍落度仪测量
11		桩顶标高(mm)		±50	每根桩	1	水准仪测量

5.7 预制钢筋混凝土板桩围护墙

基本要求

5.7.1 预制钢筋混凝土板桩的施工质量验收应符合现行国家标准《建筑地基基础工程施工质量验收标准》GB 50202 的要求。

5.7.2 预制钢筋混凝土板桩的始桩应较一般桩长 2 m～3 m，转角处应设置转角桩。始桩与转角桩的桩尖应在桩体中心线上，其他桩的桩尖应偏向始桩一侧。

5.7.3 预制钢筋混凝土板桩沉桩中，凹、凸榫应楔紧。沉桩过程中如果发现桩体倾斜、相邻桩之间有错开口，应在开口处外侧增设防水挡土措施。

主控项目

5.7.4 预制钢筋混凝土板桩采用的混凝土和钢筋等原材料质量应符合设计文件规定。

检查数量：施工单位每批检查；监理单位按施工单位检查数量的 20%进行抽查。

检验方法：核查质量保证书及复试报告。

5.7.5 预制混凝土板桩围护墙主控项目质量检验标准应符合表 5.7.5的规定。

表 5.7.5 预制混凝土板桩围护墙主控项目质量检验标准

序号	检查项目	允许偏差或允许值		检查数量		检验方法
		单位	数值	范围	点数	
1	桩长	不小于设计值		每根	1	尺量
2	桩身弯曲度	mm	≤0.1%l	每根	1	尺量
3	桩身厚度	mm	+10，0	每根	1	尺量

续表5.7.5

序号	检查项目	允许偏差或允许值		检查数量		检验方法
		单位	数值	范围	点数	
4	凹凸槽尺寸	mm	±3	每根	1	尺量
5	桩顶标高	mm	±100	每根	1	水准仪测量

注：l 为预制混凝土板桩设计桩长(mm)。

检查数量：施工单位全数检查，监理单位按施工单位检查数量的20%抽查。

一般项目

5.7.6 预制钢筋混凝土板桩一般项目质量检验标准应符合表5.7.6的规定。

表5.7.6 预制钢筋混凝土板桩一般项目质量检验标准

序号	检查项目	允许偏差或允许值(mm)	检查数量		检验方法
			范围	点数	
1	保护层厚度	±5	每根	1	尺量
2	横截面相对两面之差	≤5	每根	1	尺量
3	桩尖对桩轴线的位移	≤10	每根	1	尺量
4	沉桩垂直度	≤1/100	每20根	1	线锤及尺量
5	轴线位置	≤100	每10 m（连续）	1	经纬仪及尺量
6	板缝间隙	≤20	每10 m（连续）	1	尺量

检查数量：施工单位每批检查，监理单位按施工单位检查数量的20%抽查。

5.8 钢板桩围护墙

基本要求

5.8.1 钢板桩围护墙施工应符合现行上海市工程建设规范《基坑工程技术标准》DG/TJ 08—61 的要求。

5.8.2 锁口咬合排列钢板桩宜采用屏风法沉桩。

5.8.3 钢板桩采用锤击法沉桩时，应采用重锤低击，并设置桩帽。

5.8.4 钢板桩围护墙的转角部位应采用可靠的防渗构造措施。

5.8.5 要求封闭的锁口咬合排列钢板桩围护墙，若闭合处如无法咬合，应采取附加封闭措施。

5.8.6 钢板桩拔出后，其空隙应及时充填密实。

主控项目

5.8.7 钢板桩的规格、材质及排列方式应符合设计文件或施工工艺要求。

检查数量：每批检查。

检验方法：核查质量保证书及施工记录。

5.8.8 钢板桩桩体不应弯曲，锁口不应有缺损和变形。

检查数量：全数检查。

检验方法：采用观察方法检验。

5.8.9 桩身接头在同一截面上且 1 m 范围内，不应超过 50%，接头焊缝不应低于Ⅱ级焊缝质量要求。

检查数量：检查 20%焊缝。

检验方法：采用无损探伤检验。

一般项目

5.8.10 钢板桩围护墙质量检验标准应符合表 5.8.10 的规定。

表 5.8.10 钢板桩围护墙质量检验标准

序号	检查项目	允许偏差或允许值(mm)	检查数量		检验方法
			范围	点数	
1	轴线位置	≤100	每 10 m(连续)	1	经纬仪及尺量
2	桩顶标高	±100	每 20 根	2	水准仪测量
3	桩长	+100，0	每 20 根	1	尺量
4	桩垂直度	≤1/100	每 20 根	1	线锤及尺量

5.9 咬合桩围护墙

基本要求

5.9.1 咬合桩围护墙导墙模板宜采用定型钢模。

5.9.2 咬合桩围护墙套管使用前，应进行试拼装，检查其平直度。单节套管平直度偏差应小于 5 mm，整根套管的平直度偏差应小于 10 mm。

5.9.3 咬合桩围护墙用超缓凝混凝土时应进行试拌，初凝时间应控制在 60 h 左右，3 d 强度控制在 3 MPa 以内。干成孔咬合桩混凝土试块按设计强度验收，水下浇灌咬合桩混凝土试块强度应不低于桩身设计强度的 1.15 倍，混凝土坍落度应控制在 180 mm～220 mm。

5.9.4 咬合桩围护墙钢筋笼宜整体制作、整体安装就位。

5.9.5 咬合桩围护墙套管外径应不小于设计桩径。

主控项目

5.9.6 咬合桩围护墙主控项目质量检验标准应符合表 5.9.6 的规定。

表 5.9.6 咬合桩围护墙主控项目质量检验标准

序号	检查项目	允许偏差或允许值		检查数量		检验方法
		单位	数值	范围	点数	
1	导墙定位孔孔径	mm	±10	每根桩	1	尺量
2	导墙定位孔孔口定位	mm	≤10	每根桩	1	尺量
3	钢套管顺制度	≤1/500		每根桩	1	线锤测量
4	成孔孔径	mm	0～+30	每根桩	1	超声波或测斜仪测量
5	成孔孔深	mm	0～+300	每根桩	1	测绳测量
6	成孔垂直度	‰	≤3	每根桩	1	线锤测套管垂直度
7	成孔桩位	mm	≤10	每根桩	1	尺量导墙上定位孔
8	钢筋笼主筋间距	mm	±10	每根桩	3	尺量
9	钢筋笼长度	mm	±100	每根桩	1	尺量
10	成桩混凝土强度	不小于设计要求		每根桩1组		检查试块报告

检查数量:施工单位全数检查。监理单位按施工单位检查数量的 20%抽查。

一般项目

5.9.7 咬合桩围护墙一般项目质量检验标准应符合表 5.9.7 的规定。

表 5.9.7 咬合桩围护墙一般项目质量检验标准

<table>
<tr><th rowspan="2">序号</th><th rowspan="2" colspan="2">检查项目</th><th colspan="2">允许偏差或允许值</th><th colspan="2">检查数量</th><th rowspan="2">检验方法</th></tr>
<tr><th>单位</th><th>数值</th><th>范围</th><th>点数</th></tr>
<tr><td>1</td><td colspan="2">导墙面平整度</td><td>mm</td><td>±5</td><td>每 10 m</td><td>1</td><td>尺量</td></tr>
<tr><td>2</td><td colspan="2">导墙平面位置</td><td>mm</td><td>≤20</td><td>每 10 m</td><td>1</td><td>尺量</td></tr>
<tr><td>3</td><td colspan="2">导墙顶面标高</td><td>mm</td><td>±20</td><td>每 10 m</td><td>1</td><td>水准仪测量</td></tr>
<tr><td rowspan="2">4</td><td rowspan="2">成孔沉渣</td><td>支护桩</td><td rowspan="2">mm</td><td>≤200</td><td rowspan="2">每根桩</td><td rowspan="2">1</td><td rowspan="2">测绳测量</td></tr>
<tr><td>支护桩（兼承重桩）</td><td>≤100</td></tr>
<tr><td>5</td><td colspan="2">桩位</td><td>mm</td><td>≤20</td><td>每根桩</td><td>1</td><td>全站仪或尺量</td></tr>
<tr><td>6</td><td colspan="2">矩形钢筋笼长边</td><td>mm</td><td>±10</td><td>每根桩</td><td>1</td><td>尺量</td></tr>
<tr><td>7</td><td colspan="2">矩形钢筋笼短边</td><td>mm</td><td>−10～0</td><td>每根桩</td><td>1</td><td>尺量</td></tr>
<tr><td>8</td><td colspan="2">矩形钢筋笼转角</td><td>°</td><td>≤5</td><td>每根桩</td><td>1</td><td>量角器测量</td></tr>
<tr><td>9</td><td colspan="2">钢筋笼安放位置</td><td>mm</td><td>≤10</td><td>每根桩</td><td>1</td><td>尺量</td></tr>
<tr><td>10</td><td colspan="2">混凝土保护层</td><td>mm</td><td>±20</td><td>每根桩</td><td>3</td><td>尺量</td></tr>
<tr><td>11</td><td colspan="2">钢筋笼安装深度</td><td>mm</td><td>±100</td><td>每根桩</td><td>1</td><td>尺量</td></tr>
<tr><td>12</td><td colspan="2">箍筋间距</td><td>mm</td><td>±20</td><td>每根桩</td><td>3</td><td>尺量</td></tr>
<tr><td>13</td><td colspan="2">直径</td><td>mm</td><td>±10</td><td>每根桩</td><td>3</td><td>尺量</td></tr>
<tr><td>14</td><td colspan="2">混凝土充盈系数</td><td colspan="2">>1</td><td>每根桩</td><td>1</td><td>检查实际灌注量</td></tr>
<tr><td>15</td><td colspan="2">混凝土坍落度</td><td>mm</td><td>160～220</td><td>每根桩</td><td>2</td><td>坍落度仪测量</td></tr>
<tr><td>16</td><td colspan="2">桩顶标高</td><td>mm</td><td>±50</td><td>每根桩</td><td>1</td><td>水准仪或测绳测量</td></tr>
</table>

5.10 换填法

主控项目

5.10.1 换填所用的填料应符合设计要求。

检查数量：施工单位全数检查，监理单位按施工单位检查数量的10%平行检查。

检验方法：直观鉴别或抽样检查。

5.10.2 换填深度范围内的土层应挖除干净，坑底应按设计要求整平。

检查数量：施工单位、监理单位全数检查。

检验方法：观察。

5.10.3 施工前，应对换填的基底进行核实，换填深度、基础地质情况必须满足设计要求。

检查数量：施工单位全数检查，监理单位见证检测不少于30%。

检验方法：测量、承载力检测。

5.10.4 填筑和压实工艺必须符合设计和施工技术方案要求。

检查数量：施工单位、监理单位全数检查。

检验方法：观察和尺量。

5.10.5 换填基底开挖处理后的基底压实质量应符合设计要求。

检查数量：施工单位每层每100 m^2 抽样检查5点，其中中间1点，两侧中部及距换填边缘2 m处1点。监理单位每层见证检查不少于1处。

检验方法：试验检测。

一般项目

5.10.6 当采用机械挖除换填土时，应预留保护层由人工清理，保护层的厚度宜为30 cm～50 cm。

检查数量：施工单位全数检查，监理单位见证检查。

检验方法：测量。

5.10.7 换填基坑坡脚线位置的允许偏差为−50 mm。

检查数量：每换填基坑沿线路纵向及横向各抽样检查4处。

检验方法：经纬仪测量。

5.10.8 换填顶面、横坡质量检验标准应符合表5.10.8的规定。

表5.10.8 换填顶面、横坡质量检验标准

序号	检查项目	允许偏差或允许值	检查数量	检验方法
1	顶面高程	±50 mm	沿线路纵向每100 m抽样检查5处	仪器测量
2	横坡	±0.5%	沿线路纵向每100 m抽样检查5个断面	坡度尺量

5.11 预压法

基本要求

5.11.1 施工前应检查施工监测措施和监测初始数据、排水设施和竖向排水体等。

5.11.2 施工中应检查堆载高度、变形速率，真空预压施工时应检查密封膜的密封性能、真空表读数等。

5.11.3 施工结束后，应进行地基承载力与地基土强度和变形指标检验。

主控项目

5.11.4 预压地基质量检验标准应符合表5.11.4的规定。

表 5.11.4 预压地基质量检验标准

序号	检查项目	允许偏差或允许值	检验方法
1	地基承载力	不小于设计值	静载试验
2	处理后地基土的强度	不小于设计值	原位测试
3	变形指标	设计值	原位测试

一般项目

5.11.5 预压地基质量检验标准应符合表 5.11.5 的规定。

表 5.11.5 预压地基质量检验标准

序号	检查项目	允许偏差或允许值		检验方法
		单位	数值	
1	预压荷载(真空度)	%	≥−2	高度测试(压力表)
2	固结度	%	≥−2	原位测试(与设计要求比)
3	沉降速率	%	±10	水准仪测量(与控制值比)
4	水平位移	%	±10	测斜仪、全站仪测量
5	竖向排水体位置	mm	≤100	尺量
6	竖向排水体插入深度	mm	+200，0	经纬仪测量
7	插入塑料排水带时的回带长度	mm	≤500	尺量
8	竖向排水体高出砂垫层距离	mm	≥100	尺量
9	插入塑料排水带的回带根数	%	<5	统计
10	砂垫层材料的含泥量	%	≤5	水洗法

5.12 强夯法

基本要求

5.12.1 施工前，施工单位应做工艺性试夯试验，确定主要工艺参数，并报监理单位确认。

5.12.2 每遍夯击后应将夯坑填平，再进行下一遍夯击。强夯完毕，应按设计要求平整场地。

5.12.3 强夯施工应按设计要求采取隔振措施。

5.12.4 强夯锤重、落距应满足有效加固深度的要求。

主控项目

5.12.5 夯击点布置应符合设计要求。

检查数量：施工单位每 100 m 等间距检查 3 个断面，每个断面左、中、右各 1 点；监理单位见证检查 1 个断面。

检验方法：尺量。

5.12.6 单击夯击遍数、最后两击平均夯沉量应符合试夯确认的工艺要求，低能量满夯的搭接面积不得小于 1/4 夯锤直径。

检查数量：施工单位对最后两击平均夯沉量、低能量满夯的搭接面积，检查每遍总夯击的 10%；监理单位按施工单位检查数量的 20%见证检查。

检验方法：观察、尺量。

5.12.7 强夯加固地基的承载力应符合设计要求。检验深度不应小于设计处理深度，检验时间应符合设计规定。必要时，设计单位、监理单位、施工单位共同确认检验结果。

检查数量：施工单位每 100 m 等间距检查 3 个断面，每个断面左、中、右各 1 点；监理单位见证检查 1 个断面。

检验方法：每个断面做动力触探试验 2 点（贯入深度＜4 m 的一般黏性土或黏性素填土采用 N10，砂土或碎石土采用 N63.5）；做静力触探试验 1 点。

一般项目

5.12.8 强夯处理范围应符合设计要求，其允许偏差为±150 mm。

检查数量：施工单位每 100 m 等间距检查 3 点。

检验方法：尺量。

5.12.9 强夯夯坑中心允许偏差为 0.1*D*（*D* 为夯锤直径）。

检查数量：施工单位检查总夯击点的 10%。

检验方法：尺量，查施工记录。

5.12.10 强夯地基顶面的高程、中线至边缘距离、宽度、横坡、平整度质量检验标准应符合表 5.12.10 的规定。

表 5.12.10 强夯地基顶面的高程、中线至边缘距离、宽度、横坡、平整度质量检验标准

序号	项目	允许偏差或允许值(mm)	检查数量		检验方法
			范围	点数	
1	高程	±50	每 100 m	3	水准仪测量
2	中线至边缘距离	±50			尺量
3	宽度	不小于设计值			尺量
4	横坡	±0.5%			尺量
5	平整度	填土 50 填石 100		5	2.5 m 直尺量测

5.13 水泥土搅拌桩

基本要求

5.13.1 施工前应根据设计进行工艺性试桩，并应根据工艺性试桩结果确定相关施工参数；工艺性试桩数量不应少于 2 根。当桩周为软弱层土时，应对相对软弱土层增加搅拌次数或增加水泥掺量。

5.13.2 水泥土搅拌法桩体应均匀和连续，喷浆提升（或下沉）过程中，速度应稳定，喷浆应连续进行。施工因故中断，恢复施工时应与中断前施工区域沿深度方向搭接长度不小于 500 mm。

5.13.3 搅拌桩施工过程中，应对浆液水灰比、搅拌机定位、喷浆量、喷浆提升(或下沉)速度、复搅提升速度、搅拌头深度、搅拌头直径、搅拌杆垂直度等进行专人检查和记录。记录宜采用自动施工参数记录仪。

5.13.4 竖向承载水泥土搅拌桩地基竣工验收时，承载力检验应采用复合地基载荷试验，检查数量为总桩数的0.5%～1%，且每个单体工程不应少于3点。

主控项目

5.13.5 浆液拌制选用的水泥、外加剂等原材料的质量应符合设计文件和国家现行有关标准的规定。

检查数量：施工单位按批检查，监理单位按施工单位检查数量的20%抽查。

检验方法：查验产品合格证及复试报告。

5.13.6 施工中应严格控制浆液水灰比，浆液不得离析。

检查数量：施工单位随机抽查，监理单位按施工单位检查数量的20%抽查。

检验方法：根据规定水灰比试配浆液后测定其比重作控制值，施工中取浆液用浆液比重计测比重进行比较。

5.13.7 施工中应保证水泥用量。

检查数量：施工单位每根检查，并进行总量复核；监理单位按施工单位检查数量的20%抽查。

检验方法：单根水泥用量应查验拌浆记录或查看流量仪，并结合浆液比重检查结果检验，总量复核应比较检查水泥实际消耗总量和相应工程量的理论水泥用量。

5.13.8 水泥土搅拌法成桩质量、桩体强度、承载力应符合设计文件规定。

检查数量：施工单位成桩质量检查5%，桩体强度、单桩承载力检查0.5%～1%，且不少于3根；监理单位按施工单位检查数量的 20%抽查。

检验方法：采用浅部开挖桩头(深度宜超过停浆面下 0.5 m)，观察检查搅拌的均匀性，量测成桩直径、桩位偏差、搭接情况等；用双管单动取样器钻取芯样作抗压强度检验；用单桩载荷试验检验其承载力。监理单位按施工单位检查数量的 20%见证检验。

5.13.9 水泥土搅拌桩地基主控项目质量检验标准应符合表 5.13.9 的规定。

表 5.13.9 水泥土搅拌桩主控项目质量检验标准

<table>
<tr><th rowspan="2">序号</th><th rowspan="2">检查项目</th><th colspan="2">允许偏差或允许值</th><th colspan="2">检查数量</th><th rowspan="2">检验方法</th></tr>
<tr><th>单位</th><th>数值</th><th>范围</th><th>点数</th></tr>
<tr><td>1</td><td>复合地基承载力</td><td colspan="2">不小于设计值</td><td>总桩数</td><td>1%，且不少于 3 根</td><td>静载试验</td></tr>
<tr><td>2</td><td>单桩承载力</td><td colspan="2">不小于设计值</td><td>总桩数</td><td>1%，且不少于 3 根</td><td>静载试验</td></tr>
<tr><td>3</td><td>水泥用量</td><td colspan="2">不小于设计值</td><td>每台班</td><td>3</td><td>查看流量表</td></tr>
<tr><td>4</td><td>桩长</td><td colspan="2">不小于设计值</td><td>每根桩</td><td>1</td><td>测钻杆长度</td></tr>
<tr><td>5</td><td>搅拌叶回转直径</td><td>mm</td><td>±20</td><td>每根桩</td><td>1</td><td>尺量</td></tr>
<tr><td rowspan="2">6</td><td rowspan="2">桩身强度</td><td rowspan="2" colspan="2">不小于设计值</td><td>每台班</td><td>2</td><td>28 d 试块强度</td></tr>
<tr><td>总桩数</td><td>1%，且不少于 3 根</td><td>钻芯法</td></tr>
</table>

检查数量：施工单位全数检查，监理单位按施工单位检查数量的 20%见证检验。

一般项目

5.13.10 喷射时搅拌头提升或下沉的速度不应大于试桩或施工方案所确定的施工参数，重复搅拌时搅拌头提升速度不应超过 0.5 m/min。

检查数量：施工单位随机抽查，监理单位按施工单位检查数量的 20%抽查。

检验方法：检查单位时间内提升高度或提升单位高度的时间。

5.13.11 水泥土搅拌桩一般项目质量检验标准应符合表 5.13.11 的规定。

表 5.13.11 水泥土搅拌桩一般项目质量检验标准

序号	检查项目	允许偏差或允许值	检查数量	检验方法
1	桩底标高(mm)	±100	每桩	检查搅拌头深度
2	桩垂直度	≤1/100	每桩	经纬仪检查钻杆垂直度
3	桩顶标高(mm)	+100，−50	抽查	桩头暴露后水准仪测量
4	桩位偏差(mm)	≤50	每桩	尺量桩基平面定位，或桩头暴露后尺量
5	桩径(mm)	+30，−10	每桩	尺量钻头
6	搭接(mm)	搭接长度的 1/4 并不大于 50	抽查	桩头暴露后尺量

检查数量：施工单位全数检查，监理单位按施工单位检查数量的 20%抽查。

5.13.12 水泥土搅拌桩地基一般项目质量检验标准应符合表 5.13.12 的规定。

表 5.13.12 水泥土搅拌桩地基一般项目质量检验标准

序号	检查项目	允许偏差或允许值		检查数量		检验方法
		单位	数值	范围	点数	
1	水胶比	设计值		每台班	2	实际用水量与水泥等胶凝材料重量比
2	提升速度	设计值		每台班	3	测机头上升距离及时间

续表5.13.12

序号	检查项目	允许偏差或允许值		检查数量		检验方法
		单位	数值	范围	点数	
3	下沉速度	设计值		每台班	3	测机头下沉距离及时间
4	桩位	条基边桩沿轴线	≤1/4D	每根桩	1	全站仪测量或尺量
		垂直轴线	≤1/6D			
		其他情况	≤2/5D			
5	桩顶标高	mm	±200	每根桩	1	水准仪测量，最上部500 mm浮浆层及劣质桩体不计入
6	导向架垂直度	≤1/250		每根桩	1	经纬仪测量
7	褥垫层夯填度	≤0.9		每台班	1	水准仪测量

检查数量：施工单位全数检查，监理单位按施工单位检查数量的20％抽查。

5.14 注浆法

基本要求

5.14.1 注浆施工前应进行室内浆液配比试验。现场宜进行注浆试验，确定设计参数和施工设备、施工参数及施工工艺。

5.14.2 注浆点位、浆液配比、注浆深度、注浆压力及浆液流量、注浆管提升速度、注浆顺序等关键技术指标和参数应符合设计要求及施工规范规定，并应在注浆施工中准确地记录。施工记录宜采用自动流量和压力记录仪。

5.14.3 注浆工程竣工验收检验应依据设计指标，宜在注浆结束后28 d进行。对于设计明确提出承载力要求的工程，应采用载荷试验进行检验，检验点的数量应为每100 m^2 检测1孔，且每个单体工程检测点数量不少于 3 点；若无特殊要求时，可选用标准贯入、静力触探或轻便触探等试验对加固地层进行检测，检测点为注浆孔数的 2%～5%。检验点合格率小于或等于 80%，或虽大于 80%，但检测的强度平均值达不到设计强度或防渗要求时，应对不合格的注浆区实施重复注浆。

主控项目

5.14.4 注浆选用的水泥、砂、黏土、水玻璃、各种化学浆材、外加剂等原材料的质量应符合设计文件和国家现行标准的规定。

检查数量：施工单位按批检查，监理单位按施工单位检查数量的 20%抽查。

检验方法：查验产品合格证，抽样查复试报告。

5.14.5 注浆体强度应符合设计文件规定。

检查数量：施工单位按注浆孔数的 2%～5%检查，监理单位按施工单位检查数量的 20%抽查。

检验方法：按设计要求检验；无特殊要求时，可选用标准贯入、静力触探或轻便触探等试验检验。

5.14.6 对于设计明确提出承载力要求的工程，地基承载力应符合设计文件规定。

检查数量：施工单位按每 100 m^2 检测 1 孔，且每个单体工程检测点数量不少于 3 点的要求检查；监理单位按施工单位检查数量的 20%抽查。

检验方法：载荷试验检验。

一般项目

5.14.7 各种注浆材料称量误差应小于 3%。

检查数量：施工单位随机抽查，监理单位按施工单位检查数量的 20%抽查。

检验方法：检查称量装置读数。

5.14.8 注浆孔位误差不应大于 20 mm。

检查数量：施工单位每孔量测，监理单位按施工单位检查数量的 20%抽查。

检验方法：尺量。

5.14.9 注浆孔深误差不应大于 100 mm。

检查数量：施工单位每孔量测，监理单位按施工单位检查数量的 20%抽查。

检验方法：用量测注浆管长度的方法检验。

5.14.10 注浆压力与设计参数相比偏差不应大于 10%。

检查数量：施工单位每孔抽查，监理单位按施工单位检查数量的 20%抽查。

检验方法：检查压力表读数。

5.15 高压喷射注浆

主控项目

5.15.1 水泥、外加剂的质量：水泥品种、强度等级、水灰比和外加剂的品种必须符合设计要求。

5.15.2 浆液配合比必须符合设计要求，每米水泥用量必须通过试验配制确定。

检查数量：施工单位、监理单位全数检查。

检验方法：检查配合比试验报告及通知单、计量检查。

5.15.3 施工结束后，必须检验桩体强度或桩体完整性，并在施工结束后 28 d 进行。桩体强度或桩身完整性必须符合设计要求。

检查数量：施工单位检查桩数的 2%，且不少于 5 根，每根桩在成桩 28 d 后取 3 个试样（在桩径方向 1/4 处、桩头至桩长 2/3 长范围内垂直钻芯）；监理单位见证取样检测根数不少于施工单位检测根数的 30%，且至少 1 根。

检验方法：施工单位做无侧限抗压强度试验；监理单位检查

基桩检测报告和见证取样检测。

5.15.4 施工结束后必须检查地基承载力，复合地基承载力特征值必须符合设计要求。检测方法必须符合现行行业标准《建筑地基处理技术规范》JGJ 79 的有关规定。检验点必须选取具有代表性的或地基土质较差的加固地段。

检查数量：施工单位、监理单位全数检查。

检验方法：用仪器检测。

一般项目

5.15.5 旋喷桩施工质量检验标准应符合表 5.15.5 的规定。

表 5.15.5 旋喷桩施工质量检验标准

序号	检查项目	允许偏差或允许值	检查数量		检验方法
			范围	根数	
1	钻孔位置(mm)	≤50	每孔	1	开挖后桩顶下 500 mm 处尺量
2	钻孔垂直度(%)	≤1.5			经纬仪测钻杆或实测
3	孔深(mm)	±200			尺量
4	注浆压力	按设定参数			观察检查，查看压力表
5	桩体搭接(mm)	>200			尺量
6	桩体直径(mm)	≤50			尺量
7	桩身中心 (mm)	≤0.2*D*			尺量

检查数量：施工单位检查数量不少于桩总数量的 20%。

5.16 全方位高压喷射注浆(MJS)

基本要求

5.16.1 全方位高压喷射工法施工过程中，若出现地内压力异常下降或上升、地面冒浆、回浆不正常等异常情况时，应查明产生的原因并及时采取措施。

5.16.2 全方位高压喷射工法应严格根据环境监测数据，通过调节回流水、回流气、排浆阀门大小等措施控制排浆量，以调整和控制加固范围内的地内压力。

5.16.3 全方位高压喷射工法施工质量应符合本标准第5.15节高压喷射注浆的有关规定。

主控项目

5.16.4 原材料控制应按照要求每车填报，过程质量控制应每桩旁站。

5.16.5 施工前应对水泥、外掺剂等材料进行验收，检查产品质量保证书，按照有关规定抽样送检，并将相关资料存档、报监。

5.16.6 施工过程中对浆液的比重每班抽检2次，浆液比重误差不得大于±0.05。

5.16.7 钻机就位后应对孔位进行检查，采用水平尺校平MJS工法桩机，并在成孔前、中、后分别对钻杆垂直度（水平度或角度）进行检查，一般不得大于±1%；成孔完成后对成孔深度（长度）进行检查。

一般项目

5.16.8 竣工质量检验可采用开挖检查、取芯、载荷试验或局部开挖透水检验等方法。

5.16.9 质量检验点应布置在下列部位：

1 建筑物荷载大的部位。

2 帷幕线上。

3 施工中出现异常情况的部位。

4 地质情况复杂、可能影响质量的部位。

5.16.10 竖向承载复合地基竣工验收时，承载力检验应采用复合地基载荷试验和单桩载荷试验。

5.16.11 质量检验点的数量应为施工注浆孔数的1%～2%，且不应少于3点；不合格的，应进行补喷。

5.16.12 MJS工法桩3 d可取出完整芯样，7 d可超过原状土强度，但竣工质量检验一般在施工结束28 d后进行。

5.17 超高压复合旋喷(RJP)

基本要求

5.17.1 竣工质量检验可采用开挖检查、取芯、载荷试验或局部开挖透水检验等方法，应满足设计及相关规范要求。

5.17.2 质量检验点应布置在下列部位：

1 建筑物荷载大的部位。

2 帷幕线上。

3 施工中出现异常情况的部位。

4 地质情况复杂、可能影响质量的部位。

5.17.3 喷射注浆处理后，均应进行检验，检验点的数量按照相关国家或地方标准执行；不合格的，应进行补喷。

5.17.4 检验应在喷射注浆后28 d进行。

5.18 冻结法

基本要求

5.18.1 地层冻结工程应由具备相应资质的专业设计单位进行专项设计。设计应包括结构设计、冻结工艺设计、解冻方式和冻胀融沉控制等内容。

5.18.2 冻结管宜采用无缝钢管。冻结管下入地层后必须进行试压，试验压力应为冻结工作面盐水压力的1.5倍～2倍，经试压30 min压力下降不应超过0.05 MPa，再延续15 min压力保持不变为合格。钢管重复使用前应逐根除锈。

5.18.3 冻结管的连接应采用钢制螺纹管接头或加管箍焊接。采用螺纹管接头连接，应预先在地面组装并进行渗漏试验；采用管箍焊接，应进行焊缝检测，管箍的材质应与钢管的材质相同。

5.18.4 低温盐水冻结冷媒宜采用氯化钙溶液，其比重应根据设计盐水温度确定。盐水循环系统的干管及位于配液管首尾冻结器的供液或回液管上，应设置流量计。

5.18.5 供回液低温管路以及冻结体与空气接触面应进行隔热处理，减少冷量的损失。

5.18.6 冷冻站站房结构应通风良好，防火、防泄漏、防毒、避雷等安全设施齐全。

5.18.7 冷冻站的供冷量、冻结壁的温度控制、冻结管的拆除及封堵应符合冻结工艺要求。

5.18.8 暗挖掘进分段长度应根据冻结体的土层性质、冻结壁的强度以及掘进速度等因素确定。开挖过程中，应检测冻结壁的结霜情况和变形量，发现退霜、冻结壁变形或有剥落、掉块等异常情况，应查明原因，经处理后方可继续施工。

5.18.9 冻结开挖应在临时支护的保护下进行，联络通道冻结应在隧道开口部的两侧架设多支撑的预应力支架。

5.18.10 联络通道冻土开挖之前应在开口部位安装安全应急防护门。

5.18.11 易涌砂、涌水地层的工程，尤其是水下工程，应制定保证安全的应急预案。

5.18.12 在钢管片上应采用焊接方法固定孔口管,焊缝高度不得小于孔口管管壁厚度。

主控项目

5.18.13 冻结孔及制冷施工应符合下列规定:

1 冻结孔的布孔和钻进应符合设计文件及施工规范的规定。

2 供液管连接应牢固、严密。

3 冻结管的盐水流量和去回路盐水温度应满足设计文件及施工规范的要求。

4 冷却水的供应量、水质应符合设计文件及施工规范的规定。

检查数量:全过程检查。

检验方法:观察及查验施工记录。

5.18.14 冻结开挖测温孔的温度、冻结壁厚度与平均温度、积极冻结的时间及盐水系统去回路温差、流量等应符合设计文件及施工工艺规定。

检查数量:检查全部检测点。

检验方法:检查施工记录。

5.18.15 冻土壁范围应无未冻土、涌砂及渗流水。

检查数量:根据设计及工艺要求检查。

检验方法:用探孔方法检验。

5.18.16 地层冻结施工对施工范围内及周边环境的影响应控制在允许范围之内。

检查数量:全过程检查。

检验方法:检查监测数据。

一般项目

5.18.17 冻结孔质量检验标准应符合表5.18.17的规定。

表 5.18.17　冻结孔质量检验标准

序号	检查项目		允许偏差或允许值	检查数量	检验方法
1	钻孔偏斜率	垂直钻孔(%)	<1	1 点/孔	灯光测斜
		水平钻孔(%)	<1.5		经纬仪测量
2	开孔间距误差(mm)		<150		尺量
3	终孔间距(m)		<1.2		根据成孔精度推算
4	冻结管压力测试(MPa/30 min)	理论压力	压降<0.05		压力表测量

5.18.18　制冷技术参数质量检验标准应符合表 5.18.18 的规定。

表 5.18.18　制冷技术参数质量检验标准

序号	检查项目		允许偏差或允许值		检查数量	检验方法
1	冷媒	氯化钙溶液	浓度	29°Bé～31°Bé	100%	比重计测量
	制冷剂	氟利昂	纯度	>99.8%	2 次/批	检查质保书
2	冷却水温度(℃)	单级压缩制冷	<22		2 次/d	温度计测量
		双级压缩制冷	<25		2 次/d	温度计测量
		螺杆冷冻机	<30		2 次/d	温度计测量
3	真空试漏(MPa)	初始真空度	0.097～0.101		2 次	压力计测量
		24 h 真空度	0.090～0.093		2 次	压力计测量
4	冷量损失		<20%		2 次/d	温度计测量
5	盐水降温梯度(℃)	盐水正温时	<5.0		2 次/d	温度计测量
		盐水负温时	>2		2 次/d	温度计测量

5.18.19　液氮冷冻施工应符合设计文件及施工规范规定，其技术参数质量检验标准应符合表 5.18.19 的规定。

表 5.18.19 液氮冻结技术参数质量检验标准

序号	检查项目	允许偏差或允许值	检查数量	检验方法
1	储罐出口温度(℃)	−170～−150	2 次/h	温度计
2	储罐出口压力(MPa)	0.1～0.15	2 次/h	压力计
3	冻结管出口温度(℃)	−70～−50	2 次/h	温度计
4	冻结管出口压力(MPa)	0.05～0.1	2 次/h	压力计

5.18.20 冻结孔孔口管与钢管片焊缝高度应符合设计要求。

检查数量:全数检查。

检验方法:观察、尺量。

5.19 树根桩

基本要求

5.19.1 树根桩的施工质量检验应检查施工记录、桩数、桩位偏差、钢筋笼制作质量、注浆量和桩体试块抗压强度等。

5.19.2 每 3 根～6 根桩做一组试块(每组 3 块),测定桩身混凝土强度。

5.19.3 树根桩竣工验收时,应采用荷载试验检验其承载能力和沉桩特性,检验宜在施工结束 28 d 后进行,试验数量宜为总桩数的 0.5%～1%,且每个单体工程的试验数量不应少于 3 根。

5.19.4 应抽取不少于总桩数的 50%的桩进行低应变动力试验检测桩身完整性。

5.20 钻孔灌注桩

基本要求

5.20.1 钻孔灌注桩施工前，应对原材料进行检验。

5.20.2 钻孔灌注桩施工前应进行试成孔，试成孔数量应根据工程规范和场地地层特点确定，且不宜少于2个。

5.20.3 钻孔灌注桩钻孔过程中若发现斜孔、弯孔、缩孔、塌孔或沿护筒周围冒浆或地面沉陷等现象，应及时采取处理措施。

5.20.4 钻孔灌注桩施工中应加强过程控制，对成孔、钢筋笼制作与安装、混凝土灌注等各项技术指标进行检查验收。

5.20.5 施工后应对桩身完整性、混凝土强度及承载力进行检验。

5.20.6 钻孔灌注桩排桩应采用低应变法检测桩身完整性，检测桩数不宜少于总桩数的20%，且不得少于5根。采用桩墙合一时，低应变法检测桩身完整性的检测数量应为总桩数的100%；采用超声波透射法检测的钻孔灌注桩，排桩数量不应低于总桩数的10%，且不应少于3根。当根据低应变法或声波透射法判定的桩身完整性为Ⅲ类、Ⅳ类时，应采用钻芯法进行验证。

5.20.7 钻孔灌注桩排桩采用水泥土搅拌桩或等厚度水泥土搅拌墙做止水帷幕时，宜先施工搅拌桩（墙）后施工钻孔灌注桩排桩；采用高压旋喷桩做止水帷幕时，宜先施工钻孔灌注桩排桩后施工旋喷桩。止水帷幕施工应连续进行，帷幕施工质量应符合本标准的相关规定。

5.20.8 钻孔灌注桩的施工应符合现行上海市工程建设规范《钻孔灌注桩施工规程》DG/TJ 08—202的相关规定，并应采用间隔成桩的施工顺序，刚完成混凝土浇筑的桩与邻桩成孔安全距离不应小于4倍桩径，或间隔时间不应少于36 h。

5.20.9 桩顶混凝土泛浆高度不应小于500 mm，设计桩顶标高接近地面时桩顶混凝土泛浆应充分，凿去浮浆后桩顶混凝土强度应满足设计要求。

主控项目

5.20.10 钻孔灌注桩所采用的原材料、钢筋焊接应符合设计文件和有关规范规定。

检查数量：施工单位分批分次检查，监理单位按施工单位检查数量的20%抽查。

检验方法：查验原材料生产许可证、质量保证书及复试报告、钢筋焊接试验报告。

5.20.11 钻孔灌注桩排桩止水帷幕应符合设计文件规定。

检查数量：施工单位全数检查，监理单位按施工单位检查数量的20%抽查。

检验方法：查验施工记录。

5.20.12 上下节钢筋笼主筋接头应50%错开，错开长度不小于35倍钢筋直径。钢筋接头采用焊接连接时，其质量应符合现行行业标准《钢筋焊接及验收规程》JGJ 18的有关规定；钢筋接头采用机械连接时，其质量应符合现行行业标准《钢筋机械连接技术规程》JGJ 107的有关规定；钢筋接头搭接连接时，搭接长度不应小于35倍钢筋直径，并应可靠焊接，保证接头下部钢筋笼不坠落。

检查数量：施工单位每根检查，监理单位按施工单位检查数量的20%抽查。

检验方法：尺量。

5.20.13 相邻桩钢筋笼搭接位置应错开，错开长度不应小于2倍桩直径。

检查数量：施工单位全数检查，监理单位按施工单位检查数量的20%抽查。

检验方法：尺量。

5.20.14 立柱桩、逆作法桩的钢立柱与下部钻孔灌注桩钢筋笼的连接方式与插入深度应满足设计文件要求。

检查数量：施工单位每根检查，监理单位按施工单位检查数量的20%抽查。

检验方法：尺量。

5.20.15 立柱桩、逆作法桩受荷的各阶段，其混凝土强度应满足设计文件要求。

检查数量：施工单位每阶段应检查1次，监理单位按施工单位检查数量的20%抽查。

检验方法：核查同条件养护试块。

5.20.16 钻孔灌注桩主控项目质量检验标准应符合表5.20.16的规定。

表5.20.16 钻孔灌注桩主控项目质量检验标准

序号	检查项目	允许值或允许偏差		检查数量		检验方法
		单位	数值	范围	点数	
1	承载力	不小于设计值		根据设计要求		静载试验
2	孔深	不小于设计值		每根	1	用测绳或井径仪测量
3	桩身完整性	—		根据设计要求		钻芯法、低应变法、声波透射法
4	混凝土强度	不小于设计值		每根	1	28 d试块强度或钻芯法

检查数量：施工单位全数检查，监理单位按施工单位检查数量的20%见证检查。

5.20.17 钻孔灌注桩排桩主控项目质量检验标准应符合表5.20.17的规定。

表 5.20.17　钻孔灌注桩排桩主控项目质量检验标准

序号	检查项目		允许偏差或允许值	检查数量		检验方法
				范围	点数	
1	成孔	孔深(mm)	+300，0	每根桩	1	测绳测量
2		孔位(mm)	≤50	每根桩	1	桩机就位前尺量护筒
3		垂直度	≤1/150	每根桩	1	测量或超声检查
4	钢筋笼	主筋间距(mm)	±10	每根桩	3	尺量
5		长度(mm)	±100	每根桩	1	尺量
6	成桩	混凝土强度	不小于设计要求	每根桩1组		检查试块报告

注:括号内数值适用于钻孔灌注桩排桩桩墙合一的设计情况。

检查数量:施工单位全数检查,监理单位按施工单位检查数量的20%抽查。

5.20.18　立柱桩的钢立柱成桩主控项目质量检验标准应符合表5.20.18的规定。

表 5.20.18　立柱桩的钢立柱成桩主控项目质量检验标准

序号	检查项目	允许偏差或允许值	检查数量		检验方法
			范围	点数	
1	垂直度	1/200	每根桩	1	线锤及尺量
2	顶标高(mm)	±20	每根桩	1	水准仪及尺量
3	桩位偏差(mm)	≤20	每根桩	1	拉线测量

检查数量:施工单位全数检查,监理单位按施工单位检查数量的20%抽查。

5.20.19　逆作法桩的钢立柱成桩主控项目质量检验标准应符合表5.20.19的规定。

表 5.20.19　逆作法桩的钢立柱成桩主控项目质量检验标准

序号	检查项目	允许偏差或允许值	检查数量		检验方法
			范围	点数	
1	垂直度	临时:1/200 永久:1/500	每根桩	1	线锤及尺量
2	顶标高(mm)	±20	每根桩	1	水准仪及尺量
3	桩位偏差(mm)	≤10	每根桩	1	拉线测量

检查数量:施工单位全数检查,监理单位按施工单位检查数量的 20%抽查。

一般项目

5.20.20　钻孔灌注桩一般项目质量检验标准应符合表 5.20.20 的规定。

表 5.20.20　钻孔灌注桩一般项目质量检验标准

序号	检查项目		允许偏差或允许值		检查数量		检验方法
			单位	数值	范围	点数	
1	垂直度		参考 GB 50202—2018 的表 5.1.4		每根	1	用超声波或井径仪测量
2	孔径				每根	1	
3	桩位				每根	1	全站仪或尺量,开挖前量护筒,开挖后量桩中心
4	泥浆指标	比重(黏土或砂性土)	1.05～1.25		每根	1	比重计测量,清孔后在距孔底 500 mm 处取样
		含砂率	%	≤8	每根	1	洗砂瓶
		黏度	s	18～28	每根	1	黏度计测量
5	泥浆面标高(高于地下水位)		m	0.5～1	每根	1	观察

续表5.20.20

序号	检查项目		允许偏差或允许值		检查数量		检验方法
			单位	数值	范围	点数	
6	钢筋笼质量	主筋间距	mm	±10	每根	3	尺量
		长度	mm	±100	每根	1	
		钢筋材料检验	设计要求		≤60 t	1	抽样送检
		箍筋间距	mm	±20	每根	3	尺量
		笼直径	mm	±10	每根	3	
7	沉渣厚度	端承桩	mm	≤50	每根	1	沉渣仪 或重锤测量
		摩擦桩	mm	≤100	每根	1	
8	混凝土坍落度		mm	180～ 220	每根	2	坍落度仪测量
9	钢筋笼安装深度		mm	+100，0	每根	1	尺量
10	混凝土充盈系数		≥1.0		每根	1	实际灌注量与 计算灌注量的比
11	桩顶标高		mm	+30 −50	每根	1	水准仪测量，须 扣除桩顶浮浆层 及劣质桩体
12	后注浆	注浆终止条件	注浆量不小于 设计要求		每孔	1	查看流量表
			注浆量不小于设计 要求80%，且注浆 压力达到设计值		每孔	1	查看流量表， 检查压力表读数
		水胶比	设计值		每台班	3	实际用水量与 水泥等胶凝材料 的重量比
13	扩底桩	扩底直径	不小于设计值		每根	1	井径仪测量
		扩底高度	不小于设计值		每根	1	

检查数量：施工单位全数检查，监理单位按施工单位检查数量的 20%抽查。

5.20.21 钻孔灌注桩排桩一般项目质量检验标准应符合表 5.20.21 的规定。

表 5.20.21 钻孔灌注桩排桩一般项目质量检验标准

<table>
<tr><th rowspan="2">序号</th><th rowspan="2" colspan="3">检查项目</th><th rowspan="2">允许偏差或允许值</th><th colspan="2">检查数量</th><th rowspan="2">检验方法</th></tr>
<tr><th>范围</th><th>点数</th></tr>
<tr><td>1</td><td rowspan="5">成孔</td><td colspan="2">泥浆比重(两次清孔后)</td><td>≤1.15</td><td>每根桩</td><td>1</td><td>比重计测量</td></tr>
<tr><td>2</td><td colspan="2">泥浆黏度(s)</td><td>18～22</td><td>每根桩</td><td>1</td><td>比重计测量</td></tr>
<tr><td>3</td><td colspan="2">桩径(mm)</td><td>±30</td><td>每根桩</td><td>1</td><td>井径仪测量</td></tr>
<tr><td rowspan="2">4</td><td rowspan="2">沉渣厚度(mm)</td><td>支护桩</td><td>≤200</td><td rowspan="2">每根桩</td><td rowspan="2">1</td><td rowspan="2">测绳测量</td></tr>
<tr><td>支护桩(兼承重桩)</td><td>≤100</td></tr>
<tr><td>5</td><td rowspan="4">钢筋笼</td><td colspan="2">混凝土保护层(mm)</td><td>±20</td><td>每根桩</td><td>3</td><td>尺量</td></tr>
<tr><td>6</td><td colspan="2">钢筋笼安装深度(mm)</td><td>±100</td><td>每根桩</td><td>1</td><td>尺量</td></tr>
<tr><td>7</td><td colspan="2">箍筋间距(mm)</td><td>±20</td><td>每根桩</td><td>3</td><td>尺量</td></tr>
<tr><td>8</td><td colspan="2">笼直径(mm)</td><td>±10</td><td>每根桩</td><td>3</td><td>尺量</td></tr>
<tr><td>9</td><td rowspan="4">成桩</td><td colspan="2">混凝土充盈系数</td><td>≥1</td><td>每根桩</td><td>1</td><td>检查实际灌注量</td></tr>
<tr><td rowspan="2">10</td><td colspan="2" rowspan="2">混凝土坍落度(mm)</td><td rowspan="2">180～220</td><td>每根桩(单桩混凝土量≤30 m^3)</td><td>2</td><td rowspan="2">坍落度仪测量</td></tr>
<tr><td>每根桩(单桩混凝土量>30 m^3)</td><td>3</td></tr>
<tr><td>11</td><td colspan="2">桩顶标高(mm)</td><td>±50</td><td>每根桩</td><td>1</td><td>水准仪测量</td></tr>
</table>

检查数量：施工单位全数检查，监理单位按施工单位检查数量的 20%抽查。

5.20.22 立柱桩的钢立柱制作一般项目质量检验标准应符合表 5.20.22 的规定。

表 5.20.22 立柱桩的钢立柱制作一般项目质量检验标准

序号	检查项目	允许偏差或允许值(mm)	检查数量		检验方法
			范围	点数	
1	长度	±20	每根桩	1	尺量
2	截面几何尺寸	±20	每根桩	2	尺量
3	柱身弯曲矢高	≤20	每根桩	1	拉线、尺量
4	柱身扭曲	符合设计要求	每根桩	1	拉线、尺量

检查数量:施工单位全数检查。监理单位按施工单位检查数量的 20%抽查。

5.20.23 逆作法桩的钢立柱制作一般项目质量检验标准应符合表 5.20.23 的规定。

表 5.20.23 逆作法桩的钢立柱制作一般项目质量检验标准

序号	检查项目	允许偏差或允许值(mm)	检查数量		检验方法
			范围	点数	
1	长度	永久:±10 临时:±20	每根桩	1	尺量
2	截面几何尺寸	永久:±5 临时:±20	每根桩	2	尺量
3	柱身弯曲矢高	永久:≤5 临时:≤20	每根桩	1	拉线、尺量
4	柱身扭曲	符合设计要求	每根桩	1	拉线、尺量

检查数量:施工单位全数检查,监理单位按施工单位检查数量的 20%抽查。

5.21 PHC 管桩

基本要求

5.21.1 管桩的制作质量应符合现行国家标准《先张法预应力混凝土管桩》GB 13476 及相关生产工艺技术规程的规定。

5.21.2 管桩桩身混凝土强度等级达到设计强度的 100%后，方可出厂。

主控项目

5.21.3 管桩制作主控项目质量检验标准应符合表 5.21.3 的规定。

表 5.21.3 管桩制作主控项目质量检验标准

<table>
<tr><th>序号</th><th colspan="2">项目</th><th>允许偏差或允许值(mm)</th></tr>
<tr><td>1</td><td colspan="2">L</td><td>±0.5%L</td></tr>
<tr><td>2</td><td colspan="2">端部倾斜</td><td>≤0.5%D</td></tr>
<tr><td rowspan="2">3</td><td rowspan="2">D</td><td>300 mm～700 mm</td><td>+5，−2</td></tr>
<tr><td>800 mm～1400 mm</td><td>+7，−4</td></tr>
<tr><td>4</td><td colspan="2">t</td><td>+20，0</td></tr>
<tr><td>5</td><td colspan="2">保护层厚度</td><td>+5，0</td></tr>
<tr><td rowspan="2">6</td><td rowspan="2">桩身弯曲度</td><td>L≤15 m</td><td>≤L/1 000</td></tr>
<tr><td>15 m<<i>L</i>≤30 m</td><td>≤<i>L</i>/2 000</td></tr>
<tr><td rowspan="4">7</td><td rowspan="4">端板</td><td>端面平整度</td><td>≤0.5</td></tr>
<tr><td>外径</td><td>0，−1</td></tr>
<tr><td>内径</td><td>0，−2</td></tr>
<tr><td>厚度</td><td>正偏差不限，0</td></tr>
</table>

5.22 支撑结构

基本要求

5.22.1 基坑支护宜采用钢结构或混凝土结构的内支撑体系。

5.22.2 支撑体系的安装和拆除顺序应与设计工况一致。

5.22.3 支撑构件的规格及支撑立柱桩设置应符合设计文件的规定。

5.22.4 钢筋混凝土支撑应按设计文件要求分段、限时施工，其模板、钢筋、混凝土等质量应符合现行国家标准《混凝土结构工程施工质量验收规范》GB 50204 的有关规定。

5.22.5 钢筋混凝土支撑宜采用早强混凝土。围檩与支撑宜整体浇注。若分段浇注时，分段部位宜设置在 1/3 跨处。混凝土支撑采用混凝土垫层作底模时，应有隔离措施。当混凝土支撑达到设计文件要求的强度时，方可进行支撑面以下土体的开挖，并随挖随清除垫层混凝土。

5.22.6 钢支撑的构件制作质量验收应符合现行国家标准《钢结构工程施工质量验收规范》GB 50205 的有关规定。

5.22.7 钢支撑规格应按设计轴力和设计文件要求选用，并组织进场验收。

5.22.8 对钢支撑节点焊缝，特别是钢斜撑支承牛腿的焊缝强度应进行验算；对钢支撑焊接质量应组织专项验收。

5.22.9 钢支撑安装完毕后，应按设计文件要求施加轴向预应力。

5.22.10 支撑的拆除顺序与时间应按设计文件要求进行。

5.22.11 钢围檩可采用型钢或型钢组合构件。钢围檩的规格不得小于设计要求。

5.22.12 型钢围檩在支撑部位应加焊肋板，肋板厚度不应小于腹板厚度，焊缝高度不应小于板厚 0.7 倍。型钢围檩端头伸出支撑的长度不得超过型钢截面高度的 1.5 倍，每 2 道支撑间的围檩节点不宜大于 1 个。

5.22.13 围檩与围护墙之间宜采用吊筋或托架连接，连接构件的规格与布置应满足设计文件要求。围檩与围护墙体之间应用早强细石混凝土填实。

主控项目

5.22.14 钢及混凝土支撑系统主控项目质量检验标准应符合表 5.22.14 的规定。

表 5.22.14 钢及混凝土支撑系统主控项目质量检验标准

<table>
<tr><th rowspan="2">序号</th><th rowspan="2" colspan="3">检查项目</th><th rowspan="2">允许偏差或允许值</th><th colspan="2">检查数量</th><th rowspan="2">检验方法</th></tr>
<tr><th>范围</th><th>点数</th></tr>
<tr><td>1</td><td rowspan="3">混凝土支撑</td><td colspan="2">强度指标</td><td colspan="3">符合设计要求</td><td>施工记录及试件强度试验报告</td></tr>
<tr><td>2</td><td rowspan="2">支撑位置</td><td>标高(mm)</td><td>±20</td><td rowspan="7">每根</td><td>2</td><td>水准仪测量</td></tr>
<tr><td>3</td><td>平面(mm)</td><td>±30</td><td>2</td><td>尺量</td></tr>
<tr><td>4</td><td rowspan="5">钢支撑</td><td rowspan="2">支撑位置</td><td>标高(mm)</td><td>±20</td><td>2</td><td>水准仪测量</td></tr>
<tr><td>5</td><td>平面(mm)</td><td>±30</td><td>2</td><td>尺量</td></tr>
<tr><td>6</td><td colspan="2">围檩与支撑的节点偏差</td><td>≤15</td><td>2</td><td>拉线、尺量</td></tr>
<tr><td>7</td><td colspan="2">斜牛腿节点焊缝检查</td><td>符合设计要求</td><td>2</td><td>观察</td></tr>
<tr><td>8</td><td colspan="2">预加轴力(kN)</td><td>±50</td><td>1</td><td>油泵读数或传感器</td></tr>
</table>

一般项目

5.22.15 钢及混凝土支撑系统一般项目质量检验标准应符合表 5.22.15 的规定。

表 5.22.15　钢及混凝土支撑系统一般项目质量检验标准

<table>
<tr><th rowspan="2">序号</th><th colspan="3" rowspan="2">检查项目</th><th rowspan="2">允许偏差或允许值</th><th colspan="2">检查数量</th><th rowspan="2">检验方法</th></tr>
<tr><th>范围</th><th>点数</th></tr>
<tr><td>1</td><td rowspan="5">混凝土支撑</td><td rowspan="4">立柱</td><td>桩基</td><td colspan="4" rowspan="4">应符合本标准第 5.20 节的相关要求</td></tr>
<tr><td>2</td><td>中线偏差(mm)</td></tr>
<tr><td>3</td><td>顶标高(mm)</td></tr>
<tr><td>4</td><td>垂直度</td></tr>
<tr><td>5</td><td colspan="2">支撑截面尺寸(mm)</td><td>+15，−10</td><td>每根</td><td>1</td><td>尺量</td></tr>
<tr><td>6</td><td rowspan="7">钢支撑</td><td rowspan="2">支撑构件制作</td><td>截面尺寸(mm)</td><td>±5</td><td rowspan="2">每根</td><td rowspan="2">2</td><td rowspan="2">按验收标准</td></tr>
<tr><td>7</td><td>截面扭曲(mm)</td><td>≤8</td></tr>
<tr><td>8</td><td rowspan="4">立柱</td><td>立柱桩桩基</td><td colspan="4" rowspan="4">应符合本标准第 5.20 节的相关要求</td></tr>
<tr><td>9</td><td>中线偏差(mm)</td></tr>
<tr><td>10</td><td>顶标高(mm)</td></tr>
<tr><td>11</td><td>垂直度</td></tr>
<tr><td>12</td><td colspan="2">围檩标高(mm)</td><td>≤20</td><td>每根</td><td>2</td><td>水准仪测量</td></tr>
<tr><td rowspan="2">13</td><td colspan="2" rowspan="2">轴线弯曲矢高</td><td>水平(mm)</td><td>$f \leq L/1000$</td><td rowspan="2">每跨</td><td rowspan="2">1</td><td rowspan="2">水准仪或尺量</td></tr>
<tr><td>竖向(mm)</td><td>$f \leq L/600$</td></tr>
<tr><td>14</td><td colspan="3">开挖超深(mm)</td><td><200</td><td>每根</td><td>1</td><td>水准仪或尺量</td></tr>
<tr><td>15</td><td colspan="3">支撑安装时限</td><td>满足设计要求</td><td>每根</td><td>1</td><td>钟表测量</td></tr>
</table>

注：L 为支撑构件的计算长度(mm)。水平向：取与计算支撑相交的相邻横向水平支撑或联系杆中心距的 1.0 倍～1.2 倍；竖方向：混凝土支撑取支撑全长，钢支撑取支撑全长的 1.2 倍。

6 明挖结构

6.1 一般规定

6.1.1 本章内容依据《地下铁道工程施工质量验收标准》GB 50299、《建筑地基工程施工质量验收标准》GB 50202、《混凝土结构工程施工质量验收规范》GB 50204、《铁路混凝土工程施工质量验收标准》TB 10424、《砌体结构工程施工质量验收规范》GB 50203、《市政地下工程施工质量验收规范》DG/TJ 08—236、《基坑工程技术标准》DG/TJ 08—61 等国家现行标准编制而成。

6.1.2 结构施工质量验收应符合现行国家标准《混凝土结构工程施工质量验收规范》GB 50204 的规定。

6.1.3 基坑开挖应根据水文地质勘查报告并结合周边环境采取适当的降排水措施。

6.1.4 基坑开挖与回填过程中应严格进行施工监测，实行信息化施工。

6.1.5 基坑工程变形控制及监测应符合应符合国家现行标准的相关规定。

6.2 桩基工程

基本要求

6.2.1 本节桩基工程特指立柱桩、逆作法桩及抗浮桩。立柱桩、逆作法桩宜采用灌注桩和型钢格构柱组合桩；抗浮桩宜采用灌注桩。其他桩基施工应符合相应规范的规定。

6.2.2 钻孔灌注桩的施工质量应符合现行上海市工程建设规范《钻孔灌注桩施工规程》DG/TJ 08—202 的规定。

6.2.3 钢筋混凝土预制桩和钢桩应采用焊接接桩，沉桩前应进行接桩焊接工艺试验。

6.2.4 灌注桩作逆作法桩，应在桩中埋设注浆管，以对桩底进行处理。

6.2.5 灌注桩、钢筋混凝土预制桩、钢桩的施工质量应符合现行国家标准《建筑地基基础工程施工质量验收规拖》GB 50202 的有关规定。如为永久性工程桩，应按设计要求进行桩基完整性和承载力检测。

6.2.6 立柱桩、逆作法桩的钢立柱部分的原材料、焊接及加工质量应符合现行国家标准《钢结构工程施工质量验收规范》GB 50205 的有关规定；钢立柱的制作及安装施工质量应符合本节的规定。

主控项目

6.2.7 立柱桩、逆作法桩的钢立柱与下部灌注桩钢筋笼的连接方式与插入深度应满足设计文件要求。

检查数量：每根检查。

检验方法：尺量。

6.2.8 立柱桩、逆作法桩受荷的各阶段，其混凝土强度应满足设计文件要求。

检查数量：每阶段应检查 1 次。

检验方法：核查同条件养护试块。

6.2.9 立柱桩的钢立柱成桩质量检验标准应符合表 6.2.9 的规定。

表 6.2.9 立柱桩的钢立柱成桩质量检验标准

序号	检查项目	允许偏差或允许值	检查数量		检验方法
			范围	点数	
1	垂直度	1/200	每根	1	线锤及尺量
2	顶标高(mm)	±20	每根	1	水准仪及尺量
3	桩位偏差(mm)	≤20	每根	1	拉线测量

6.2.10 逆作法桩的钢立柱成桩质量检验标准应符合表 6.2.10 的规定。

表 6.2.10 逆作法桩的钢立柱成桩质量检验标准

序号	检查项目	允许偏差或允许值	检查数量		检验方法
			范围	点数	
1	垂直度	临时:1/200 永久:1/500	每根	1	线锤及尺量
2	顶标高(mm)	±20	每根	1	水准仪及尺量
3	桩位偏差(mm)	≤10	每根	1	拉线测量

一般项目

6.2.11 在桩柱搭接范围内,灌注桩钢筋笼的箍筋间距不应大于 100 mm。

检查数量:每根检查。

检验方法:尺量。

6.2.12 立柱桩的钢立柱横断面的轴线与设计轴线的夹角不宜大于 5°。

检查数量:每根检查。

检验方法:尺量。

6.2.13 立柱桩的钢立柱制作质量检验标准应符合表 6.2.13 的规定。

表 6.2.13 立柱桩的钢立柱制作质量检验标准

序号	检查项目	允许偏差或允许值(mm)	检查数量		检验方法
			范围	点数	
1	长度	±20	每根	1	尺量
2	截面几何尺寸	±20	每根	2	尺量
3	柱身弯曲矢高	≤20	每根	1	拉线、尺量
4	柱身扭曲	符合设计要求	每根	1	拉线、尺量

6.2.14 逆作法桩的钢立柱制作质量检验标准应符合表 6.2.14 的规定。

表 6.2.14 逆作法桩的钢立柱制作质量检验标准

序号	检查项目	允许偏差或允许值(mm)	检查数量		检验方法
			范围	点数	
1	长度	永久:±10 临时:±20	每根	1	尺量
2	截面几何尺寸	永久:±5 临时:±20	每根	2	尺量
3	柱身弯曲矢高	永久:≤5 临时:≤20	每根	1	拉线、尺量
4	柱身扭曲	符合设计要求	每根	1	拉线、尺量

6.3 基坑开挖

基本要求

6.3.1 基坑开挖边坡和平台在每层开挖时，应随挖、随修整。基坑开挖应考虑工程设计主体结构的分块、分段和施筑顺序，按时空效应的原则，分层、分段、分块、对称、平衡、限时挖土、限时支撑。

6.3.2 基坑周围的地面排水沟应保持畅通。基坑上口应设置挡水堤,基坑周围的地面排水沟应设置在施工便道远离基坑的一侧,坑内排出的水和地面雨水不应倒流或回渗入坑内。基坑在雨季施工或长时间暴露时,宜采取护坡措施,护坡应及时完成。

6.3.3 基坑开挖时,不应扰动坑底土体。坑底以上 0.2 m～0.3 m 范围内的土体应人工挖除,随挖随清除坑底松散土、淤泥、石块,并严格控制坑底标高。

6.3.4 基坑开挖应分层开挖,分层厚度不应大于 4 m,开挖过程中的临时边坡坡度不宜大于 1∶1.5。基坑开挖深度超过 7 m 时,总坡度宜小于 1∶3。基坑开挖施工应符合现行上海市工程建设规范《基坑工程技术标准》DG/TJ 08—61 的有关规定。

6.3.5 土方开挖前所选择的降水方案应符合设计文件的规定。开挖过程中,地下水位应始终低于开挖面 0.5 m～1 m 以下。基坑受承压水影响时,应进行承压水降压计算,对承压水降压的影响进行评估,并在开挖前按需采用承压水降压措施,保证基坑稳定。

6.3.6 土方开挖过程中,基坑围护结构发生渗漏水、边坡流砂及位移沉陷等异常情况时,应按应急预案采取处理措施。

6.3.7 对不良条件的基底地质应制定处理方案或预案,并及时进行处理。

主控项目

6.3.8 基坑边坡和平台宽度、挖土过程中临时边坡和平台宽度均应符合设计及施工工艺规定。

检查数量:每边检查。

检验方法:尺量。

6.3.9 基坑内应设置排水沟和集水井。基坑开挖后,基底不应有积水。基底在冻结情况下不宜进行垫层施工。

检查数量:全数检查。

检验方法:观察。

6.3.10 基坑底部标高必须符合设计文件的规定,不应超挖。

检查数量:全数检查。

检验方法:观察。

6.3.11 基坑开挖质量检验标准应符合表 6.3.11 的规定。

表 6.3.11 基坑开挖质量检验标准

序号	检查项目	允许偏差或允许值(mm)	检查数量		检验方法
			范围	点数	
1	基底标高(mm)	0,-20	100 m^2~400 m^2	1	水准仪测量
2	边坡坡度	应小于设计要求	每边	2	坡度尺量
3	长度、宽度(mm)	+200,-50	每边	2	经纬仪测量、尺量
4	平台宽度(mm)	+100,-50	每边	2	尺量

一般项目

6.3.12 坑底表面平整度偏差不宜大于 20 mm。

检查数量:每 100 m^2应测 1 点。

检验方法:尺量。

6.4 支撑体系

基本要求

6.4.1 基坑支护宜采用钢结构或混凝土结构的内支撑体系。轨道交通车站等工程采用多道支撑体系的基坑支护结构,第一道支撑应采用钢筋混凝土支撑。

6.4.2 支撑体系的安装和拆除顺序应与设计工况一致。

6.4.3 支撑构件的规格及支撑立柱桩设置应符合设计文件的规定。

6.4.4 钢筋混凝土支撑应按设计文件要求分段、限时施工。其模板、钢筋、混凝土等质量应符合现行国家标准《混凝土结构工程施工质量验收规范》GB 50204 的有关规定。

6.4.5 钢筋混凝土支撑宜采用早强混凝土。围檩与支撑宜整体浇筑。若分段浇注时,分段部位宜设置在 1/3 跨处。混凝土支撑采用混凝土垫层作底模时,应有隔离措施。当混凝土支撑达到设计文件要求的强度时,方可进行支撑面以下土体的开挖,并随挖随清除垫层混凝土。

6.4.6 钢支撑的构件制作质量验收应符合现行国家标准《钢结构工程施工质量验收规范》GB 50205 的有关规定。

6.4.7 钢支撑规格应按设计轴力和设计文件要求选用,并组织进场验收。

6.4.8 对钢支撑节点焊缝,特别是钢斜撑支承牛腿的焊缝强度应进行验算;对钢支撑焊接质量应组织专项验收。

6.4.9 钢支撑安装完毕后,应按设计文件要求施加轴向预应力。

6.4.10 支撑的拆除顺序与时间应按设计文件要求进行。

6.4.11 钢围檩可采用型钢或型钢组合构件。钢围檩的规格不得小于设计要求。

6.4.12 型钢围模在支撑部位应加焊肋板,肋板厚度不应小于腹板厚度,焊缝高度不应小于板厚 0.7 倍。型钢围檩端头伸出支撑的长度不得超过型钢截面高度的 1.5 倍,每 2 道支撑间的围檩节点不宜大于 1 个。

6.4.13 围檩与围护墙之间宜采用吊筋或托架连接,连接构件的规格与布置应满足设计文件要求。围檩与围护墙体之间应用早强细石混凝土填实。

主控项目

6.4.14 钢及混凝土支撑系统主控项目质量检验标准应符合表 6.4.14 的规定。

表 6.4.14 钢及混凝土支撑系统主控项目质量检验标准

<table>
<tr><th rowspan="2">序号</th><th rowspan="2" colspan="3">检查项目</th><th rowspan="2">允许偏差
或允许值</th><th colspan="2">检查数量</th><th rowspan="2">检验方法</th></tr>
<tr><th>范围</th><th>点数</th></tr>
<tr><td>1</td><td rowspan="3">混凝土支撑</td><td colspan="2">强度指标</td><td colspan="3">符合设计要求</td><td>施工记录及试件强度试验报告</td></tr>
<tr><td>2</td><td rowspan="2">支撑位置</td><td>标高(mm)</td><td>±20</td><td rowspan="7">每根</td><td>2</td><td>水准仪测量</td></tr>
<tr><td>3</td><td>平面(mm)</td><td>±30</td><td>2</td><td>尺量</td></tr>
<tr><td>4</td><td rowspan="5">钢支撑</td><td rowspan="2">支撑位置</td><td>标高(mm)</td><td>±20</td><td>2</td><td>水准仪测量</td></tr>
<tr><td>5</td><td>平面(mm)</td><td>±30</td><td>2</td><td>尺量</td></tr>
<tr><td>6</td><td colspan="2">围檩与支撑的节点偏差(mm)</td><td>≤15</td><td>2</td><td>拉线、尺量</td></tr>
<tr><td>7</td><td colspan="2">斜牛腿节点焊缝检查</td><td>符合设计要求</td><td>2</td><td>观察</td></tr>
<tr><td>8</td><td colspan="2">预加轴向力(kN)</td><td>±50</td><td>1</td><td>油泵读数或传感器</td></tr>
</table>

一般项目

6.4.15 钢及混凝土支撑系统一般项目质量检验标准应符合表 6.4.15 的规定。

表 6.4.15 钢及混凝土支撑系统一般项目质量检验标准

<table>
<tr><th rowspan="2">序号</th><th rowspan="2" colspan="3">检查项目</th><th rowspan="2">允许偏差
或允许值</th><th colspan="2">检查数量</th><th rowspan="2">检验方法</th></tr>
<tr><th>范围</th><th>点数</th></tr>
<tr><td>1</td><td rowspan="5">混凝土支撑</td><td rowspan="4">立柱</td><td>桩基</td><td rowspan="4">参见《市政地下工程施工质量验收规范》DG/TJ 08—236—2008 第 5.2 节</td><td rowspan="4" colspan="3">参见《市政地下工程施工质量验收规范》DG/TJ 08—236—2008 第 5.2 节</td></tr>
<tr><td>2</td><td>中线偏差(mm)</td></tr>
<tr><td>3</td><td>顶标高(mm)</td></tr>
<tr><td>4</td><td>垂直度</td></tr>
<tr><td>5</td><td colspan="2">支撑截面尺寸(mm)</td><td>+15，−10</td><td>每根</td><td>1</td><td>尺量</td></tr>
</table>

续表6.4.15

<table>
<tr><th rowspan="2">序号</th><th rowspan="2" colspan="3">检查项目</th><th rowspan="2">允许偏差或允许值</th><th colspan="2">检查数量</th><th rowspan="2">检验方法</th></tr>
<tr><th>范围</th><th>点数</th></tr>
<tr><td>6</td><td rowspan="7">钢支撑</td><td rowspan="2">支撑杆件制作</td><td>截面尺寸(mm)</td><td>±5</td><td rowspan="2">每根</td><td rowspan="2">2</td><td rowspan="2">按验收标准</td></tr>
<tr><td>7</td><td>截面扭曲(mm)</td><td>≤8</td></tr>
<tr><td>8</td><td rowspan="4">立柱</td><td>立柱桩桩基</td><td rowspan="4">参见《市政地下工程施工质量验收规范》DG/TJ 08—236—2008 第5.2节</td><td rowspan="4" colspan="3">参见《市政地下工程施工质量验收规范》DG/TJ 08—236—2008 第5.2节</td></tr>
<tr><td>9</td><td>中线偏差(mm)</td></tr>
<tr><td>10</td><td>顶标高(mm)</td></tr>
<tr><td>11</td><td>垂直度</td></tr>
<tr><td>12</td><td colspan="2">围檩标高(mm)</td><td>≤20</td><td>每根</td><td>2</td><td>水准仪测量</td></tr>
<tr><td rowspan="2">13</td><td rowspan="2" colspan="2">轴线弯曲矢高</td><td>水平(mm)</td><td>$f \leqslant L/1000$</td><td rowspan="2">每跨</td><td rowspan="2">1</td><td rowspan="2">水准仪或尺量</td></tr>
<tr><td>竖向(mm)</td><td>$f \leqslant L/600$</td></tr>
<tr><td>14</td><td colspan="3">开挖超深(mm)</td><td><200</td><td>每根</td><td>1</td><td>水准仪或尺量</td></tr>
<tr><td>15</td><td colspan="3">支撑安装时限</td><td>满足设计要求</td><td>每根</td><td>1</td><td>钟表测量</td></tr>
</table>

注:L 为支撑构件的计算长度(mm)。水平向:取与计算支撑相交的相邻横向水平支撑或联系杆中心距的1倍~1.2倍;竖方向:混凝土支撑取支撑全长,钢支撑取支撑全长的1.2倍。

6.5 模板及支架工程

基本要求

6.5.1 模板及支架应根据工程结构形式、荷载大小、地基土类别、施工设备和材料供应等条件进行设计。模板及支架必须具有足够的强度、刚度和稳定性,能可靠地承受浇筑混凝土的重量、侧压力以及施工荷载。

6.5.2 在浇筑混凝土之前,应对模板工程进行验收。模板安装和浇筑混凝土时，应对模板及其支架进行观察和维护。发生异常情况时，应按施工技术方案及时进行处理。

6.5.3 模板及其支架拆除的顺序及安全措施应按施工技术方案执行。

6.5.4 采用承插型盘扣式脚手架的工程，在模板、支架验收时，可参考现行行业标准《建筑施工承插型盘扣式钢管支架安全技术规程》JGJ 231 的相关内容。

Ⅰ 模板安装

主控项目

6.5.5 安装现浇结构的上层模板及其支架时，下层结构应具有承受上层荷载的承载能力或加设支架；上、下层支架的立柱应对准，并铺设垫板。

检查数量：施工单位全数检查，监理单位按施工单位检查数量的 20%进行抽查。

检验方法：对照模板设计文件和施工技术方案观察。

6.5.6 在涂刷模板隔离剂时，不得沾污钢筋和混凝土接槎处。

检查数量：施工单位全数检查，监理单位按施工单位检查数量的 20%进行抽查。

检验方法：观察。

6.5.7 模板支架的尺寸质量检验标准应符合表 6.5.7 的规定。

表 6.5.7 模板支架的尺寸质量检验标准

序号	检查项目	允许偏差或允许值(mm)	检查数量		检验方法
			范围	点数	
1	模板厚度	±10%	每批	3	仪器、尺量
2	钢管外径	±0.5	每批	3	仪器、尺量
3	钢管壁厚	±10%	每批	3	仪器、尺量

续表6.5.7

序号	检查项目	允许偏差或允许值(mm)	检查数量		检验方法
			范围	点数	
4	立杆间距	±50	每 10 m	2	尺量
5	立杆垂直度	3‰	10%		仪器、尺量
6	水平杆间距	±50	每 10 m	2	尺量
7	剪刀撑间距	±50	每 10 m	2	尺量
8	拉条螺栓间距	±50	每 10 m	2	尺量
9	轴线偏差	≤10	每 10 m	2	仪器、尺量
10	结构板标高	±5	每 10 m	2	水准仪或尺量
11	立柱、侧墙偏差	±5	每 10 m	2	仪器、尺量

注:表中检查中心线位置时,应沿纵、横两个方向测量,并取其中较大值。

一般项目

6.5.8 模板安装应满足下列要求:

1 模板的接缝不应漏浆;在浇筑混凝土前,木模板应浇水湿润,但模板内不应有积水。

2 模板与混凝土的接触面应清理干净并涂刷隔离剂,但不得采用影响结构性能或妨碍装饰工程施工的隔离剂。

3 浇筑混凝土前,模板内的杂物应清理干净。

4 清水混凝土工程及装饰混凝土工程应使用能达到设计效果的模板。

检查数量:施工单位全数检查,监理单位按施工单位检查数量的 20%进行抽查。

检验方法:观察。

6.5.9 用作模板的地坪、胎模等应平整光洁,不得产生影响构件质量的下沉、裂缝、起砂或起鼓。

检查数量:施工单位全数检查,监理单位按施工单位检查数量的 20%进行抽查。

检验方法：观察。

6.5.10 跨度不小于 4 m 的现浇钢筋混凝土梁、板，其模板应按设计要求起拱；当设计无具体要求时，起拱高度宜为跨度的1/1 000～3/1 000。

检查数量：施工单位全数检查，监理单位按施工单位检查数量的 20%进行抽查。

检验方法：水准仪测量或拉线钢尺检查。

6.5.11 固定在模板上的预埋件、预留孔和预留洞均不得遗漏，且应安装牢固，其质量检验标准应符合表 6.5.11 的规定。

表 6.5.11 预埋件、预留孔和预留洞质量检验标准

<table>
<tr><th rowspan="2">序号</th><th rowspan="2" colspan="2">检查项目</th><th rowspan="2">允许偏差或允许值(mm)</th><th colspan="2">检查数量</th><th rowspan="2">检验方法</th></tr>
<tr><th>范围</th><th>点数</th></tr>
<tr><td>1</td><td colspan="2">预埋钢板中心线位置</td><td>3</td><td rowspan="8">每件(孔)</td><td rowspan="8">2</td><td rowspan="8">尺量</td></tr>
<tr><td>2</td><td colspan="2">预埋管、预留孔中心线位置</td><td>3</td></tr>
<tr><td rowspan="2">3</td><td rowspan="2">插筋</td><td>中心线位置</td><td>5</td></tr>
<tr><td>外露长度</td><td>+10，0</td></tr>
<tr><td rowspan="2">4</td><td rowspan="2">预埋螺栓</td><td>中心线位置</td><td>2</td></tr>
<tr><td>外露长度</td><td>+10，0</td></tr>
<tr><td rowspan="2">5</td><td rowspan="2">预留洞</td><td>中心线位置</td><td>10</td></tr>
<tr><td>尺寸</td><td>+10，0</td></tr>
</table>

注：检查轴线位置时，应沿纵、横两个方向量测，并取其中的较大值。

检查数量：施工单位全数检查，监理单位按施工单位检查数量的 20%进行抽查。

6.5.12 现浇结构模板安装质量检验标准应符合表 6.5.12 的规定。

表 6.5.12 现浇结构模板安装质量检验标准

序号	检查项目		允许偏差或允许值(mm)	检查数量		检验方法
				范围	点数	
1	轴线位置		5	每一结构	2	尺量
2	底模上表面标高		±5		2	水准仪测量或拉线、尺量
3	截面内部尺寸	基础	±10		3	尺量
		柱、墙、梁	+4，−5		3	尺量
4	层高垂直度	不大于 5 m	6		1	经纬仪测量或吊线、尺量
		大于 5 m	8		2	经纬仪测量或吊线、尺量
5	相邻两板表面高低差		2		2	尺量
6	表面平整度		5		4	2 m 靠尺检查

注:检查轴线位置时,应沿纵、横两个方向量测,并取其中的较大值。

检查数量:施工单位全数检查,监理单位按施工单位检查数量的 20%进行抽查。

6.5.13 预制构件模板安装质量检验标准应符合表 6.5.13 的规定。

表 6.5.13 预制构件模板安装质量检验标准

序号	检查项目		允许偏差或允许值(mm)	检查数量		检验方法
				范围	点数	
1	长度	板、梁	±5	每一构件	3	尺量两角边，取其中较大值
		薄膜梁、桁架	±10			
		柱	0，−10			
		墙板	0，−5			
2	宽度	板、墙板	0，−5			尺量一端及中部，取其中较大值
		梁、薄腹梁、桁架、柱	+2，−5			

续表6.5.13

序号	检查项目		允许偏差或允许值(mm)	检查数量		检验方法
				范围	点数	
3	高(厚)度	板	+2，−3	每一构件	3	尺量一端及中部，取其中较大值
		墙板	0，−5 +2，−3			
		梁、薄腹梁、桁架、柱	+2，−5			
4	侧向弯曲	梁、板、柱	$L/1\,000$ 且≤15		1	拉线、尺量最大弯曲处
		墙板、薄腹梁、桁架	$L/1500$ 且≤15			
5	板的表面平整度		3		4	2 m 靠尺检查
6	相邻两板表面高低差		1		4	尺量
7	对角线差	板	7		1	尺量两个对角线
		墙板	5			
8	翘曲	板、墙板	$L/1500$			调平尺在两端量测
9	设计起拱	薄腹梁、桁架、梁	±3			拉线、尺量跨中

注：L 为构件长度(mm)。

检查数量：施工单位首次使用及大修后的模板应全数检查；使用中的模板应定期检查，并根据使用情况不定期抽查。

Ⅱ 模板拆除

主控项目

6.5.14 底模及其支架拆除时的混凝土强度应符合设计要求；当设计无具体要求时，混凝土强度应符合表 6.5.14 的规定。

检查数量：施工单位全数检查，监理单位按施工单位检查数量的 20%进行抽查。

检验方法：检查同条件养护试件强度试验报告。

表 6.5.14 底模拆除时的混凝土强度要求

构件类型	构件跨度(m)	达到设计的混凝土立方体抗压强度标准值的百分率(%)
板	≤2	≥50
	>2，≤8	≥75
	>8	≥100
梁、拱、壳	≤8	≥75
	>8	≥100
悬臂构件	—	≥100

6.5.15 对后张法预应力混凝土结构构件，侧模宜在预应力张拉前拆除；底模支架的拆除应按施工技术方案执行，当无具体要求时，不应在结构构件建立预应力前拆除。

检查数量：施工单位全数检查，监理单位按施工单位检查数量的20%进行抽查。

检验方法：检查同条件养护试件强度试验报告。

6.5.16 后浇带模板的拆除和支顶应按施工技术方案执行。

检查数量：施工单位全数检查，监理单位按施工单位检查数量的20%进行抽查。

检验方法：观察。

一般项目

6.5.17 侧模拆除时的混凝土强度应能保证其表面及棱角不受损伤。模板拆除时，不应对其他结构形成冲击荷载。拆除的模板和支架宜分散堆放并及时清运。

检查数量：施工单位全数检查，监理单位按施工单位检查数量的20%进行抽查。

检验方法：观察。

6.6 钢筋工程

基本要求

6.6.1 浇筑混凝土之前,应进行钢筋隐蔽工程验收。隐蔽工程验收应包括下列主要内容:

1 纵向受力钢筋的牌号、规格、数量、位置。

2 钢筋的连接方式、接头位置、接头质量、接头面积百分率、搭接长度、锚固方式及锚固长度。

3 箍筋及横向钢筋的牌号、规格、数量、间距、位置,箍筋弯钩的弯折角度及平直段长度。

4 预埋件的规格、数量和位置。

6.6.2 钢筋弯曲成型时,应按设计弯曲角度一次弯曲成型,不应反复弯折。

6.6.3 当钢筋的品种、级别或规格需作变更时,应办理设计变更文件。

Ⅰ 材 料

主控项目

6.6.4 钢筋进场时,应按现行国家标准《钢筋混凝土用热轧带肋钢筋》GB 1499 等的规定抽取试件作力学性能和重量偏差检验,检验结果必须符合有关标准的规定。

检查数量:按同一厂家、同一炉罐号、同一规格、同一交货状态每≤60 t 为一验收批。施工单位每检验批取 1 组试件(拉伸、弯曲各 2 件)进行抗拉强度、弯曲试验。监理单位按施工单位检查数量的 20%进行见证检查。

6.6.5 当发现钢筋脆断、焊接性能不良或力学性能显著不正常等现象时,应对该批钢筋进行化学成分检验或其他专项检验。

检查数量：施工单位全数检查，监理单位按施工单位检查数量的 20%进行抽查。

检验方法：检查试验报告。

6.6.6 按一、二、三级抗震等级设计的框架和斜撑构件（含梯段）中的纵向受力普通钢筋应采用 HRB335E、HRB400E、HRB500E、HRBF335E、HRBF400E 或 HRBF500E 钢筋，其强度和最大力下总伸长率的实测值应符合下列规定：

1 抗拉强度实测值与屈服强度实测值的比值不应小于 1.25。

2 屈服强度实测值与屈服强度标准值的比值不应大于 1.30。

3 最大力下总伸长率不应小于 9%。

检查数量：按进场的批次和产品的抽样检查方案确定。监理单位按施工单位检查数量的 20%进行抽查。

检验方法：检查抽样检验报告。

一般项目

6.6.7 钢筋应平直、无损伤，表面不得有裂纹、油污、颗粒状或片状老锈。

检查数量：施工单位全数检查，监理单位按施工单位检查数量的 20%进行抽查。

检验方法：观察。

6.6.8 成型钢筋的外观质量和尺寸偏差应符合国家现行有关标准的规定。

检查数量：同一厂家、同一类型的成型钢筋，不超过 30 t 为一批，每批随机抽取 3 个成型钢筋。监理单位按施工单位检查数量的 20%进行抽查。

检验方法：观察、尺量。

6.6.9 钢筋机械连接套筒、钢筋锚固板以及预埋件等的外观质量应符合国家现行有关标准的规定。

检查数量：按国家现行有关标准的规定确定，监理单位按施工单位检查数量的20%进行抽查。

检验方法：检查产品质量证明文件、观察、尺量。

Ⅱ 钢筋加工

主控项目

6.6.10 受力钢筋的弯钩和弯折应符合下列规定：

1 HPB 300级钢筋末端应作180°弯钩，其弯弧内直径不应小于钢筋直径的2.5倍，弯钩的弯后平直部分长度不应小于钢筋直径的3倍。

2 当设计要求钢筋末端需作135°弯钩时，HRB 335级、HRB 400级钢筋的弯弧内直径不应小于钢筋直径的4倍，弯钩的弯后平直部分长度应符合设计要求。

3 钢筋作不大于90°的弯折时，弯折处的弯弧内直径不应小于钢筋直径的5倍。

检查数量：施工单位按每工作班同一类型钢筋、同一加工设备抽查不应少于3件。监理单位按施工单位检查数量的20%进行抽查。

检验方法：尺量。

6.6.11 除焊接封闭环式箍筋外，箍筋的末端应作弯钩，弯钩形式应符合设计要求。当设计无具体要求时，应符合下列规定：

1 箍筋弯钩的弯弧内直径除应满足本标准第6.6.10条的规定外，尚应不小于受力钢筋直径。

2 箍筋弯钩的弯折角度：一般结构不应小于90°；有抗震等级要求的结构应为135°。

3 箍筋弯后平直部分长度：一般结构不宜小于箍筋直径的5倍；有抗震等要求的结构不应小于箍筋直径的10倍。

检查数量：施工单位按每工作班同一类型钢筋、同一加工设备抽查不应少于3件。监理单位按施工单位检查数量的20%进行抽查。

检验方法：尺量。

6.6.12 盘卷钢筋调直后应进行力学性能和重量偏差检验，其强度应符合国家现行有关标准的规定，其断后伸长率、重量偏差应符合表6.6.12的规定。

检查数量：同一设备加工的同一牌号、同一规格的调直钢筋，重量不大于30 t为一批，每批见证抽取3个试件。监理单位按施工单位检查数量的20%进行抽查。

检验方法：检查抽样检验报告。

表6.6.12 盘卷钢筋调直后的断后伸长率、重量偏差

<table>
<tr><th rowspan="2">序号</th><th rowspan="2">钢筋牌号</th><th rowspan="2">断后伸长率
A(%)</th><th colspan="2">重量偏差(%)</th></tr>
<tr><th>直径6 mm～12 mm</th><th>直径14 mm～16 mm</th></tr>
<tr><td>1</td><td>HPB 300</td><td>≥21</td><td>≥−10</td><td>—</td></tr>
<tr><td>2</td><td>HRB 335，HRBF 335</td><td>≥16</td><td rowspan="4">≥−8</td><td rowspan="4">≥−6</td></tr>
<tr><td>3</td><td>HRB 400，HRFB 400</td><td>≥15</td></tr>
<tr><td>4</td><td>HRB 100</td><td>≥13</td></tr>
<tr><td>5</td><td>HRB 500，HRBF 500</td><td>≥14</td></tr>
</table>

注：断后伸长率A的量测标距为5倍钢筋直径。

一般项目

6.6.13 钢筋调直宜采用机械方法，避免采用冷拉方法。当采用冷拉方法调直钢筋时，HPB 235级钢筋的冷拉率不宜大于4%，HRB 335级、HRB 400级和RRB 400级钢筋的冷拉率不宜大于1%。

检查数量：施工单位按每工作班同一类型钢筋、同一加工设备抽查不应少于3件。监理单位按施工单位检查数量的20%进行抽查。

检验方法：观察、尺量。

6.6.14 钢筋加工的形状、尺寸应符合设计要求，其质量检验标准应符合表6.6.14的规定。

检查数量：每工作班施工单位按同一类型钢筋；同一加工设备抽查不应少于3件。监理单位按施工单位检查数量的20％进行抽查。

检验方法：尺量。

表 6.6.14 钢筋加工质量检验标准

序号	检查项目	允许偏差(mm)
1	受力钢筋沿长度方向的净尺寸	±10
2	弯起钢筋的弯折位置	±20
3	箍筋外廓尺寸	±5

Ⅲ 钢筋连接

主控项目

6.6.15 纵向受力钢筋的连接方式应符合设计要求。

检查数量：施工单位全数检查，监理单位按施工单位检查数量的20％进行抽查。

检验方法：观察。

6.6.16 在施工现场，应按现行行业标准《钢筋机械连接通用技术规程》JGJ 107和《钢筋焊接及验收规程》JGJ 18的规定抽取钢筋机械连接接头、焊接接头试件作力学性能检验，其质量应符合有关规程的规定。

检查数量：机械连接——同一批材料的同等级、同形式、同规格的接头每500个为一验收批，不足500个接头也按一批计，施工单位每一验收批必须在工程结构中随机截取3个试件作单向拉伸强度试验；钢筋焊接——同一接头形式、同钢筋级别300个接头为一验收批，施工单位每一检验批取3个拉力试件。监理单位按施工单位检查数量的20%进行见证检查。

检验方法：检查产品合格证、接头力学性能试验报告。

一般项目

6.6.17 钢筋的接头宜设置在受力较小处。同一纵向钢筋不宜设置2个或2个以上接头。接头末端至钢筋弯起点的距离不应小于钢筋直径的10倍。

检查数量：施工单位全数检查，监理单位按施工单位检查数量的20%进行抽查。

检验方法：观察、尺量。

6.6.18 钢筋机械连接接头、焊接接头的外观质量应符合现行行业标准《钢筋机械连接技术规程》JGJ 107和《钢筋焊接及验收规程》JGJ 18的规定。

检查数量：按现行行业标准《钢筋机械连接技术规程》JGJ 107和《钢筋焊接及验收规程》JGJ 18的规定确定。监理单位按施工单位检查数量的20%进行抽查。

检验方法：观察、尺量。

6.6.19 当纵向受力钢筋采用机械连接接头或焊接接头时，同一连接区段内纵向受力钢筋的接头面积百分率应符合设计要求。当设计无具体要求时，应符合下列规定：

1 受拉接头，不宜大于50%；受压接头，可不受限制。

2 直接承受动力荷载的结构构件中，不宜采用焊接；当采用机械连接时，不应超过50%。

检查数量：在同一检验批内，对梁、柱和独立基础，应抽查构件数量的10%，且不应少于3件；对墙和板，应按有代表性的自然间抽查10%，且不应少于3间；对大空间结构，墙可按相邻轴线间高度5 m左右划分检查面，板可按纵横轴线划分检查面，抽查10%，且均不应少于3面。监理单位按施工单位检查数量的20%

进行抽查。

检验方法：观察、尺量。

注：1. 接头连接区段是指长度为 35d 且不小于 500 mm 的区段，d 为相互连接两根钢筋的直径较小值。

2. 同一连接区段内纵向受力钢筋接头面积百分率为接头中点位于该连接区段内的纵向受力钢筋截面面积与全部纵向受力钢筋截面面积的比值。

6.6.20 当纵向受力钢筋采用绑扎搭接接头时，接头的设置应符合下列规定：

1 接头的横向净间距不应小于钢筋直径，且不应小于 25 mm。

2 同一连接区段内，纵向受拉钢筋的接头面积百分率应符合设计要求。当设计无具体要求时，应符合下列规定：

1） 梁类、板类及墙类构件，不宜超过 25％；基础筏板，不宜超过 50％；

2） 柱类构件，不宜超过 50％；

3） 当工程中确有必要增大接头面积百分率时，对梁类构件不应大于 50％。

检查数量：在同一检验批内，对梁、柱和独立基础，应抽查构件数量的 10％，且不应少于 3 件；对墙和板，应按有代表性的自然间抽查 10％，且不应少于 3 间；对大空间结构，墙可按相邻轴线间高度 5 m 左右划分检查面，板可按纵横轴线划分检查面，抽查 10％，且均不应少于 3 面。监理单位按施工单位检查数量的 20％进行抽查。

检验方法：观察、尺量。

注：1. 接头连接区段是指长度为 1.3 倍搭接长度的区段。搭接长度取相互连接两根钢筋中较小直径计算。

2. 同一连接区段内纵向受力钢筋接头面积百分率为接头中点位于该连接区段长度内的纵向受力钢筋截面面积与全部纵向受力钢筋截面面积的比值。

6.6.21 梁、柱类构件的纵向受力钢筋搭接长度范围内箍筋的设

置应符合设计要求。当设计无具体要求时,应符合下列规定:

1 箍筋直径不应小于搭接钢筋较大直径的1/4。

2 受拉搭接区段的箍筋间距不应大于搭接钢筋较小直径的5倍,且不应大于100 mm。

3 受压搭接区段的箍筋间距不应大于搭接钢筋较小直径的10倍,且不应大于200 mm。

4 当柱中纵向受力钢筋直径大于25 mm时,应在搭接接头两个端面外100 mm范围内各设置2道箍筋,其间距宜为50 mm。

检查数量:在同一检验批内,应抽查构件数量的10%,且不应少于3件。监理单位按施工单位检查数量的20%进行抽查。

检验方法:观察、尺量。

Ⅳ 钢筋安装

主控项目

6.6.22 钢筋安装时,受力钢筋的牌号、规格和数量必须符合设计要求。

检查数量:全数检查;监理单位按施工单位检查数量的20%进行抽查。

检验方法:观察、尺量。

6.6.23 钢筋应安装牢固。受力钢筋的安装位置、锚固方式应符合设计要求。

检查数量:全数检查;监理单位按施工单位检查数量的20%进行抽查。

检验方法:观察、尺量。

一般项目

6.6.24 钢筋安装质量检验标准应符合表6.6.24的规定,受力钢筋保护层厚度的合格点率应达到90%及以上，且不得有超过表中数值1.5倍的尺寸偏差。

检查数量：在同一检验批内，对梁、柱和独立基础，应抽查构件数量的10%，且不应少于3件；对墙和板，应按有代表性的自然间抽查10%，且不应少于3间；对大空间结构，墙可按相邻轴线间高度5 m左右划分检查面，板可按纵横轴线划分检查面，抽查10%，且均不应少于3面。监理单位按施工单位检查数量的20%进行抽查。

表6.6.24 钢筋安装质量检验标准

序号	检查项目		允许偏差或允许值(mm)	检验方法
1	绑扎钢筋网	长、宽	±10	尺量
		网眼尺寸	±20	尺量连续3档，取最大偏差值
2	绑扎钢筋骨架	长	±10	尺量
		宽、高	±5	尺量
3	纵向受力钢筋	锚固长度	−20	尺量
		间距	±10	尺量两端、中间各1点，取最大偏差值
		排距	±5	
4	纵向受力钢筋、箍筋的混凝土保护层	基础	±10	尺量
		柱、梁	±5	尺量
		板、墙、壳	±3	尺量
5	绑扎箍筋、横向钢筋间距		±20	尺量连续3档，取最大偏差值
6	钢筋弯起点位置		20	尺量
7	预埋件	中心线位置	5	尺量
		水平高差	+3，0	塞尺量测

注：检查中心线位置时，沿纵、横两个方向量测，并取其中偏差的较大值。

6.7 混凝土工程

基本要求

6.7.1 混凝土强度应按现行国家标准《混凝土强度检验评定标准》GB/T 50107 的规定分批检验评定。划入同一检验批的混凝土，其施工持续时间不宜超过 3 个月。同时，混凝土分项工程可参考行业标准《铁路混凝土工程施工质量验收标准》TB 10424—2018 第 6 章的有关规定。

检验评定混凝土强度时，应采用 28 d 或设计规定龄期的标准养护试件。

试件成型方法及标准养护条件应符合现行国家标准《普通混凝土力学性能试验方法标准》GB/T 50081 的规定。采用蒸汽养护的构件，其试件应先随构件同条件养护，然后再置入标准养护条件下继续养护至 28 d 或设计规定龄期。

6.7.2 检验混凝土强度用的混凝土试件的尺寸及强度的尺寸换算系数应按表 6.7.2 取用；其标准成型方法、标准养护条件及强度试验方法应符合普通混凝土力学性能试验方法标准的规定。

表 6.7.2 混凝土试件尺寸及强度的尺寸换算系数

骨料最大粒径	试件尺寸(mm)	强度的尺寸换算系数
≤31.5	100×100×100	0.95
≤40	150×150×150	1.00
≤63	200×200×200	1.05

注：对强度等级为 C60 及以上的混凝土试件，其强度的尺寸换算系数可通过试验确定。

6.7.3 结构构件拆模、出池、出厂、吊装、张拉、放张及施工期间临时负荷时的混凝土强度，应根据同条件养护的标准尺寸试件的混凝土强度确定。

6.7.4 当混凝土试件强度不合格时，可采用非破损或局部破损的检测方法，按国家现行有关标准的规定对结构构件中的混凝土强度进行推定，并作为处理的依据。

6.7.5 预拌混凝土的原材料质量、制备等应符合现行国家标准《预拌混凝土》GB/T 14902 的规定。

6.7.6 水泥、外加剂进场检验，当满足下列条件之一时，其检验批容量可扩大 1 倍：

1 获得认证的产品。

2 同一厂家、同一品种、同一规格的产品，连续 3 次进场检验均一次检验合格。

Ⅰ 原材料

主控项目

6.7.7 水泥进场时，应对其品种、代号、强度等级、包装或散装编号、出厂日期等进行检查，并应对水泥的强度、安定性和凝结时间进行检验，检验结果应符合现行国家标准《通用硅酸盐水泥》GB 175 等的相关规定。

检查数量：按同一厂家、同一品种、同一代号、同一强度等级、同一批号且连续进场的水泥，袋装不超过 200 t 为一批，散装不超过 500 t 为一批，每批抽样数量不应少于 1 次。监理单位按施工单位检查数量的 20%进行抽查。

检验方法：检查质量证明文件和抽样检验报告。

6.7.8 混凝土外加剂进场时，应对其品种、性能、出厂日期等进行检查，并应对外加剂的相关性能指标进行检验，检验结果应符合现行国家标准《混凝土外加剂》GB 8076 和《混凝土外加剂应用技术规范》GB 50119 等的规定。

检查数量：按同一厂家、同一品种、同一性能、同一批号且连续进场的混凝土外加剂，不超过 50 t 为一批，每批抽样数量不应少于1次。监理单位按施工单位检查数量的20%进行抽查。

检验方法：检查质量证明文件和抽样检验报告。

一般项目

6.7.9 混凝土用矿物掺合料进场时，应对其品种、技术指标、出厂日期等进行检查，并应对矿物掺合料的相关技术指标进行检验，检验结果应符合国家现行有关标准的规定。

检查数量：按同一厂家、同一品种、同一技术指标、同一批号且连续进场的矿物掺合料，粉煤灰、石灰石粉、磷渣粉和钢铁渣粉不超过200 t为一批，粒化高炉矿渣粉和复合矿物掺合料不超过500 t为一批，沸石粉不超过120 t为一批，硅灰不超过30 t为一批，每批抽样数量不应少于1次。监理单位按施工单位检查数量的20%进行抽查。

检验方法：检查质量证明文件和抽样检验报告。

6.7.10 混凝土原材料中的粗骨料、细骨料质量应符合现行行业标准《普通混凝土用砂、石质量及检验方法标准》JGJ 52的规定，使用经过净化处理的海砂应符合现行行业标准《海砂混凝土应用技术规范》JGJ 206的规定，再生混凝土骨料应符合现行国家标准《混凝土用再生粗骨料》GB/T 25177和《混凝土和砂浆用再生细骨料》GB/T 25176的规定。

检查数量：按现行行业标准《普通混凝土用砂、石质量及检验方法标准》JGJ 52的规定确定。监理单位按施工单位检查数量的20%进行抽查。

检验方法：检查抽样检验报告。

6.7.11 混凝土拌制及养护用水应符合现行行业标准《混凝土用水标准》JGJ 63的规定。采用饮用水时，可不检验；采用中水、搅拌站清洗水、施工现场循环水等其他水源时，应对其成分进行检验。

检查数量：同一水源检查不应少于1次。监理单位按施工单位检查数量的20%进行抽查。

检验方法:检查水质检验报告。

Ⅱ 混凝土拌合物

主控项目

6.7.12 预拌混凝土进场时,其质量应符合现行国家标准《预拌混凝土》GB/T 14902 的规定。

检查数量:全数检查;监理单位按施工单位检查数量的 20%进行抽查。

检验方法:检查质量证明文件。

6.7.13 混凝土拌合物不应离析。

检查数量:全数检查;监理单位按施工单位检查数量的 20%进行抽查。

检验方法:观察。

6.7.14 混凝土中氯离子含量和碱总含量应符合现行国家标准《混凝土结构设计规范》GB 50010 的规定和设计要求。

检查数量:同一配合比的混凝土检查不应少于 1 次。监理单位按施工单位检查数量的 20%进行抽查。

检验方法:检查原材料试验报告和氯离子、碱的总含量计算书。

6.7.15 首次使用的混凝土配合比应进行开盘鉴定,其原材料、强度、凝结时间、稠度等应满足设计配合比的要求。

检查数量:同一配合比的混凝土检查不应少于 1 次。监理单位按施工单位检查数量的 20%进行抽查。

检验方法:检查开盘鉴定资料和强度试验报告。

一般项目

6.7.16 混凝土拌合物稠度应满足施工方案的要求。

检查数量:对同一配合比混凝土,取样应符合下列规定:

1 每拌制 100 盘且不超过 100 m^3 时,取样不得少于 1 次。

2 每工作班拌制不足 100 盘时，取样不得少于 1 次。

3 连续浇筑超过 1 000 m^3 时，每 200 m^3 取样不得少于 1 次。

4 每一楼层取样不得少于 1 次。

检验方法：检查稠度抽样检验记录。

6.7.17 混凝土有耐久性指标要求时，应在施工现场随机抽取试件进行耐久性检验，其检验结果应符合国家现行有关标准的规定和设计要求。

检查数量：同一配合比的混凝土，取样不应少于 1 次，留置试件数量应符合现行国家标准《普通混凝土长期性能和耐久性能试验方法标准》GB/T 50082 和现行行业标准《混凝土耐久性检验评定标准》JGJ/T 193 的规定。监理单位按施工单位检查数量的 20％进行抽查。

检验方法：检查试件耐久性试验报告。

6.7.18 混凝土有抗冻要求时，应在施工现场进行混凝土含气量检验，其检验结果应符合国家现行有关标准的规定和设计要求。

检查数量：同一配合比的混凝土，取样不应少于 1 次，取样数量应符合现行国家标准《普通混凝土拌合物性能试验方法标准》GB/T 50080 的规定。监理单位按施工单位检查数量的 20％进行抽查。

检验方法：检查混凝土含气量试验报告。

Ⅲ 混凝土施工

主控项目

6.7.19 混凝土的强度等级必须符合设计要求。用于检验混凝土强度的试件应在浇筑地点随机抽取。

检查数量：对同一配合比混凝土，取样与试件留置应符合下列规定：

1 每拌制 100 盘且不超过 100 m^3 时，取样不得少于 1 次。

2 每工作班拌制不足 100 盘时，取样不得少于 1 次。

3　连续浇筑超过1 000 m^3时，每200 m^3取样不得少于1次。

4　每一楼层取样不得少于1次。

5　每次取样应至少留置1组试件。

检验方法：检查施工记录及混凝土强度试验报告。

一般项目

6.7.20　后浇带的留设位置应符合设计要求。后浇带和施工缝的留设及处理方法应符合施工方案要求。

检查数量：全数检查；监理单位按施工单位检查数量的20%进行抽查。

检验方法：观察。

6.7.21　混凝土浇筑完毕后应及时进行养护，养护时间以及养护方法应符合施工方案要求。

检查数量：全数检查；监理单位按施工单位检查数量的20%进行抽查。

检验方法：观察，检查混凝土养护记录。

Ⅳ　现浇结构工程

基本要求

6.7.22　现浇混凝土的外观质量缺陷，应由监理（建设）单位、施工单位等各方根据其对结构性能和使用功能影响的严重程度，按表6.7.22确定。

表6.7.22　混凝土外观质量缺陷

名称	现　象	严重缺陷	一般缺陷
露筋	构件内钢筋未被混凝土包裹而外露	纵向受力钢筋有露筋	其他钢筋有少量露筋
蜂窝	混凝土表面缺少水泥砂浆而形成石子外露	构件主要受力部位有蜂窝	其他部位有少量蜂窝

续表6.7.22

名称	现　象	严重缺陷	一般缺陷
孔洞	混凝土中孔穴深度和长度均超过保护层厚度	构件主要受力部位有孔洞	其他部位有少量孔洞
夹渣	混凝土中夹有杂物且深度超过保护层厚度	构件主要受力部位有夹渣	其他部位有少量夹渣
疏松	混凝土中局部不密实	构件主要受力部位有疏松	其他部位有少量疏松
裂缝	缝隙从混凝土表面延伸至混凝土内部	构件主要受力部位有影响结构性能或使用功能的裂缝	其他部位有少量不影响结构性能或使用功能的裂缝
连接部位缺陷	构件连接处混凝土缺陷及连接钢筋、连接件松动	连接部位有影响结构传力性能的缺陷	连接部位有基本不影响结构传力性能的缺陷
外形缺陷	缺棱掉角、棱角不直、翘曲不平、飞边凸肋等	清水混凝土构件有影响使用功能或装饰效果的外形缺陷	其他混凝土构件不影响使用功能的外形缺陷
外表缺陷	构件表面麻面、掉皮、起砂、沾污等	具有重要装饰效果的清水混凝土构件外表缺陷	其他混凝土构件有不影响使用功能的外表缺陷

6.7.23　现浇结构拆模后，应由监理(建设)单位、施工单位对外观质量和尺寸偏差进行检查，作出记录，并应及时按施工技术方案对缺陷进行处理。

主控项目

6.7.24　现浇结构的外观质量不应有严重缺陷。

检查数量：全数检查；监理单位按施工单位检查数量的20%进行抽查。

检验方法：观察，检查技术处理方案。

6.7.25　现浇结构不应有影响结构性能和使用功能的尺寸偏差。设备混凝土基础不应有影响结构性能和设备安装的尺寸偏差。

检查数量：全数检查；监理单位按施工单位检查数量的 20% 进行抽查。

检验方法：测量检验。

一般项目

6.7.26 现浇结构的外观质量不宜有一般缺陷。

检查数量：全数检查；监理单位按施工单位检查数量的 20% 进行抽查。

检验方法：观察。

6.7.27 现浇结构质量检验标准应符合表 6.7.27 的规定。

表 6.7.27 现浇结构质量检验标准

<table>
<tr><th rowspan="2">序号</th><th rowspan="2" colspan="2">检查项目</th><th rowspan="2">允许偏差或允许值</th><th colspan="2">检查数量</th><th rowspan="2">检验方法</th></tr>
<tr><th>范围</th><th>点数</th></tr>
<tr><td>1</td><td colspan="2">轴线位移(mm)</td><td>≤15</td><td>每 20 m</td><td>1</td><td>仪器、尺量</td></tr>
<tr><td>2</td><td colspan="2">净宽界限</td><td>满足设计要求</td><td>每 10 m</td><td>1</td><td>仪器、尺量</td></tr>
<tr><td>3</td><td colspan="2">净空界限</td><td>满足设计要求</td><td>每 10 m</td><td>1</td><td>仪器、尺量</td></tr>
<tr><td>4</td><td colspan="2">层高(mm)</td><td>±10</td><td>每 10 m</td><td>1</td><td>水准仪或尺量</td></tr>
<tr><td>5</td><td rowspan="2">结构板</td><td>标高(mm)</td><td>±10</td><td rowspan="2">每 10 m</td><td>2</td><td rowspan="2">水准仪、2 m 靠尺检查</td></tr>
<tr><td>6</td><td>平整度(mm)</td><td>≤10</td><td>2</td></tr>
<tr><td>7</td><td>柱、梁</td><td>截面尺寸(mm)</td><td>+8，−5</td><td>每个构件</td><td>2</td><td>尺量</td></tr>
<tr><td>8</td><td rowspan="3">侧墙</td><td>垂直度(mm)</td><td>≤8</td><td rowspan="3">每 10 m</td><td>2</td><td rowspan="3">尺量或垂线吊量，2 m 靠尺量</td></tr>
<tr><td>9</td><td>平整度(mm)</td><td>≤8</td><td>2</td></tr>
<tr><td>10</td><td>截面尺寸(mm)</td><td>+8，−5</td><td>2</td></tr>
<tr><td>11</td><td rowspan="3">立柱</td><td>位移(mm)</td><td>≤8</td><td rowspan="3">每个构件</td><td>1</td><td rowspan="3">尺量、垂线吊量，2 m 靠尺量</td></tr>
<tr><td>12</td><td>垂直度(mm)</td><td>≤8</td><td>1</td></tr>
<tr><td>13</td><td>平整度(mm)</td><td>≤8</td><td>1</td></tr>
</table>

续表6.7.27

序号	检查项目	允许偏差或允许值	检查数量		检验方法
			范围	点数	
14	预埋管、预埋件中心位移(mm)	≤5	每件	1	尺量
15	预留孔(洞)中心位移(mm)	≤10	每孔(洞)	1	
16	自动扶梯预留宽度(mm)	≤15	每台自动扶梯	1	尺量

注:检查中心线位置时,应沿纵、横两个方向测量,并取其中的较大值。检查数量:在同一检验批内,对梁、柱应抽查构件数量的 10%,且不少于 3 件;对墙和板,应抽查 10%,且不少于 3 幅;对大空间结构,墙可按相邻轴线高度 5 m 左右划分检查面,板可按纵、横轴线划分检查面,抽查 10%,均且不少于 3 面;对设备基础,应全数检查。

6.8 倒滤层结构

主控项目

6.8.1 倒滤层与集水井深度、平面尺寸应符合设计文件规定。

检查数量:检查每口集水井。

检验方法:观察。

一般项目

6.8.2 滤管周围砂的厚度不应小于 150 mm,滤管接口处不应有间隙。

检查数量:每根检查。

检验方法:观察、尺量。

6.8.3 倒滤层铺设材料的含泥量不应超过 5%。

检查数量:每批检查。

检验方法:取样试验,核查试验报告。

6.8.4 倒滤层在集水井四周 1 m 范围内宜加厚 200 mm~300 mm。

检查数量：每口检查。

检验方法：检查集水井四周土方开挖情况。

6.8.5 倒滤层结构铺设质量检验标准应符合表6.8.5的规定。

表6.8.5 倒滤层结构铺设质量检验标准

序号	检查项目	允许偏差或允许值	检查数量		检验方法
			范围	点数	
1	层面标高(mm)	0，20	100 m^2	1	水准仪测量
2	厚度(mm)	±30	100 m^2	1	尺量
3	表面平整度(mm)	≤20	100 m^2	1	尺量
4	滤管坡度	≤0.05%	每管段	1	水准仪测量
5	滤管位置(mm)	≤50	每管段	2	尺量
6	集水井位置(mm)	≤50	每只	1	尺量

6.9 土方回填

主控项目

6.9.1 土方回填施工主控项目质量检验标准应符合表6.9.1的规定。

表6.9.1 土方回填施工主控项目质量检验标准

序号	检查项目	允许偏差或允许值	检查数量		检验方法
			范围	点数	
1	标高(mm)	±30	每段基坑或长50 m	5	水准仪测量
2	分层压实度	按设计要求或相关规定		2	按规定方法

一般项目

6.9.2 土方回填施工一般项目质量检验标准应符合表6.9.2的规定。

表6.9.2 土方回填施工一般项目质量检验标准

序号	检查项目	允许偏差或允许值	检查数量		检验方法
			范围	点数	
1	回填土料	按设计要求或相关规定	每段基坑或长50 m	2	观察或取样检查
2	表面平整度(mm)	≤20		5	用2 m靠尺和楔形塞尺检查

7 顶管法

7.1 一般规定

7.1.1 顶管施工前应编制顶管施工组织设计或专项施工方案。施工组织设计或专项施工方案,应通过专家评审。

7.1.2 顶管工程施工应符合现行上海市工程建设规范《顶管工程施工规程》DG/TJ 08—2049 的有关规定。

7.2 工作井(坑)

基本要求

7.2.1 工作井(坑)作为永久结构使用时,结构的模板、钢筋、混凝土施工质量验收应符合现行国家标准《混凝土结构工程施工质量验收规范》GB 50204 的有关规定。

7.2.2 工作井(坑)采用明挖法施工时,应符合本标准第 5、6 章的有关规定。

7.2.3 工作井(坑)的穿墙孔应设置洞圈止水装置。止水装置形式的选择应综合考虑洞口埋设深度、水文地质条件和顶进距离等因素。

主控项目

7.2.4 工作井(坑)后靠结构的强度和刚度应符合设计文件及施工工艺规定。

检查数量:施工单位、监理单位全数检查。

检验方法:查验混凝土结构的试块抗压报告、拼装式结构的焊缝质量。

一般项目

7.2.5 当顶进传力后靠墙设置在已顶进完毕的管道上时，应符合下列规定：

1 待顶管节的最大估算顶力应小于已顶管节的允许顶力。

2 已顶管节与工作井壁应完成洞口止水施工。

3 后靠墙体与管口之间应设缓冲衬垫。

4 已顶管道 0～15 m 范围应完成拉结处理。

5 当主顶油缸传力点位于已顶管节空挡时，后靠结构的强度应进行计算。

检查数量：施工单位、监理单位全数检查。

检验方法：观察并查阅管节的设计文件和顶力计算数据。

7.2.6 工作井结构尺寸应满足顶管施工工艺和设计文件规定。

检查数量：施工单位、监理单位全数检查。

检验方法：尺量，水准仪、经纬仪测量。

7.2.7 工作井(坑)质量检验标准应符合表 7.2.7 的规定。

表 7.2.7 工作井(坑)质量检验标准

序号	检查项目		允许偏差或允许值(mm)	检查数量		检验方法
				范围	点数	
1	工作井(坑)	坑底高程	±30	每座	2	水准仪测量
2		平面尺寸	±20	每座	4	尺量
3	洞口	中心平面	±20	每孔	1	经纬仪测量
4		中心高程	±20	每孔	1	水准仪测量
5		内径	±20	每孔	2	尺量
6	后靠背	垂直度	$\leqslant 0.1\%H$	每块	1	垂线、尺量
7		水平扭转度	$\leqslant 0.1\%L$	每块	1	垂线、尺量

续表7.2.7

序号	检查项目		允许偏差或允许值(mm)	检查数量		检验方法
				范围	点数	
8	导轨	高程	+3.0	每根	2	水平仪测量
9		中线位移	±3	每副	2	经纬仪测量
10		两轨内距	±2	每副	2	尺量

注：H 为后靠背高度(mm)；L 为后靠背宽度(mm)。

检查数量：施工单位、监理单位全数检查。

检验方法：尺量，水准仪、经纬仪测量。

7.3 始发与接收洞口施工及防护

基本要求

7.3.1 顶管始发与接收洞口防护措施应符合设计文件及施工工艺规定。

7.3.2 顶管机始发前，应对洞口外侧土体进行探查，当探孔有泥水连续渗出时，不宜凿除洞口封堵墙或开启洞封口板。若采用降水措施，应设置水位观测井，确认降水效果。洞口凿除物应及时清除，顶管机始发不应损坏洞口止水密封件。

7.3.3 顶管机始发时宜采用延伸导轨，其标高和水平位置应与导轨一致，机头与后续 3 节～5 节的管节应作可调控的拉结。

主控项目

7.3.4 洞口外土体采用加固措施时，其强度和止水效果应满足设计文件或施工工艺规定。

检查数量：施工单位、监理单位抽查总数量的 1%，但不得少于 2 孔。

检验方法：取芯或原位测试。

一般项目

7.3.5 始发与接收洞口止水密封装置应符合设计文件规定。止水密封件应与井壁密贴，在注浆压力下不外翻，不漏水，并具有耐磨、抗折性能。止水帘布橡胶圈与导轨上管节外径宜满足同轴度要求。

检查数量：施工单位、监理单位全数检查。

检验方法：尺量、观察。

7.4 管节制作

基本要求

7.4.1 对符合标准系列的钢筋混凝土管节产品，应根据产品质量保证资料进行验收。

7.4.2 非标准系列管节制作质量应符合设计文件规定。制作管节的混凝土、钢筋、钢材、焊条等原材料的质量、成型工艺应符合现行国家标准《混凝土结构工程施工质量验收规范》GB 50204、《钢结构工程施工质量验收规范》GB 50205、《玻璃纤维增强塑料顶管》GB/T 21492 和现行行业标准《顶管施工法钢筋混凝土排水管》JC/T 640 的有关规定；管节加工和制作质量验收应符合本节规定。

Ⅰ 钢管节

主控项目

7.4.3 钢管节制作应符合下列规定：

1 材质及焊缝应符合设计文件规定。

2 纵向焊缝不宜超过 1 条；2 条以上焊缝间距应大于 300 mm；对接时，纵向错开距离应大于 300 mm。

3 钢管制作后表面应无斑疤、裂缝、锈蚀。

4 钢管管节的长度应根据钢板定尺宽度确定。

5 管节内、外直缝宜采用埋弧自动焊。

6 采用埋弧自动焊时，拼缝两端应装引弧板及收弧板，并在焊后切除，切除时不应损伤焊缝表面。

7 管节制作的拼装应在专用的拼装胎架上进行。

8 焊缝坡口宜采用"V"形，角度宜为40°。

9 井内管道接口拼装焊接不宜在井内修边。

10 拼装后待焊缝冷却，无损检验合格后应进行防腐处理。

11 焊缝质量检查应符合设计文件及现行国家标准《现场设备、工业管道焊接工程施工规范》GB 50236与《现场设备、工业管道焊接工程施工质量验收规范》GB 50683的相关要求。

12 钢管制作、接口连接的焊接质量应评定合格，焊接检验人员应取得相应工艺资格。

检查数量：施工单位、监理单位按每管节检查。

检验方法：查验原材料生产许可证、质量保证书及复试报告，根据设计要求对焊缝进行超声波和X线拍片探伤检查及外观观察检查。

一般项目

7.4.4 钢管节制作质量检验标准应符合表7.4.4的规定。

表7.4.4 钢管节制作质量检验标准

序号	检查项目	允许偏差或允许值(mm)	检查数量		检验方法
			范围	点数	
1	内径椭圆度	管径：≤0.5%D 其他部位：≤1%D	每端管口 其他部位	1 1	尺量
2	端面垂直度	≤0.1%D且≤1.5	每端管口	2	垂线、尺量
3	周长	±0.0035D	每节	2	—
4	长度	±10	每节	1	—

续表7.4.4

序号	检查项目	允许偏差或允许值(mm)	检查数量		检验方法
			范围	点数	
5	弧度	间隙为 0.1t+2,且不大于 4 距管端 200 mm 纵缝处的间隙不大于 2	每节	2	用弧长$(6/\pi)D$的弧形板测量于管内或外壁纵缝处形成的间隙

注:D 为管内径(mm);t 为壁厚(mm);椭圆度为同端管口相互垂直的最大直径与最小直径差。

检查数量:施工单位、监理单位每管节检查。

检验方法:垂线、尺量、弧长$(6/\pi)D$ 的弧形板测量。

Ⅱ 钢筋混凝土管节

主控项目

7.4.5 钢筋混凝土管节的外观质量不应有严重缺陷,管节橡胶止水圈安装凹槽表面应光洁、平整、无气孔。

检查数量:施工单位、监理单位按每管节检查。

检验方法:观察并查验技术处理方案。

7.4.6 钢筋混凝土管节的混凝土强度及抗渗等级应符合设计文件的规定。

检查数量:施工单位、监理单位按每管节检查。

检验方法:查验混凝土配合比单、抗渗抗压试验报告、原材料生产许可证、质量保证书及复试报告。

一般项目

7.4.7 钢筋混凝土管节的外观质量不宜有一般缺陷。

检查数量:施工单位、监理单位按每管节检查。

检验方法:观察并查验技术处理方案。

7.4.8 钢筋混凝土管节制作质量检验标准应符合表 7.4.8 的

规定。

表 7.4.8 钢筋混凝土管节制作质量检验标准

序号	检查项目		允许偏差或允许值(mm)	检查数量		检验方法
				范围	点数	
1	端面倾斜	内径≤1 000 mm	≤10	每节	2	垂线、尺量
		内径>1 000 mm	≤15	每节	2	垂线、尺量
2	内径	≤1 500 mm	±8	每节	2	尺量
		1 650 mm～2 400 mm	±10		2	
		2 700 mm～3 500 mm	±12		2	
3	外径	≤2 400 mm	±4	每节	2	尺量
		2 700 mm～3 500 mm	±5		2	
4	壁厚	≤1 500 mm	+8，−4	每节	2	尺量
		1 650 mm～2 400 mm	+10，−5		2	
		2 700 mm～3 500 mm	+12，−6		2	
5	长度	≤3 500 mm	+20，−14	每节	2	尺量
6	矩形管	内径长度	±10	每节	4	尺量
7		外包长度	±10		4	
8		壁厚	+10，−5		4	
9		长度	±10		4	

检查数量:施工单位、监理单位按每管节检查。

检验方法:垂线、尺量。

Ⅲ 玻璃纤维增强塑料夹砂管

主控项目

7.4.9 玻璃纤维增强塑料夹砂管的内表面应光滑平整,无龟裂、分层、针孔等现象;管端面应平齐;边棱应无毛刺;外表面无明显缺陷。

检查数量:施工单位、监理单位按每管节检查。

检验方法:观察。

7.4.10 玻璃纤维增强塑料夹砂管的长度偏差:有效长度的±0.5%,且不超过±30 mm。

检查数量:施工单位、监理单位按每管节检查。

检验方法:尺量。

7.4.11 有效长度不大于 6 m 的玻璃纤维增强塑料夹砂管的平直度偏差应符合表 7.4.11 的规定。有效长度大于 6 m 的顶管平直度,在供货时由供需双方共同商定。

表 7.4.11 最大允许平直度偏差

公称直径(*DN*)(mm)	平直度偏差(mm)
DN≤500	5
500<*DN*≤900	4
DN>900	3

检查数量:施工单位、监理单位按每管节检查。

检验方法:尺量。

Ⅳ 预应力钢筒混凝土管

主控项目

7.4.12 成品管内壁出现的环向裂缝或螺旋状裂缝宽度不应大于 0.5 mm;距管子插口端 300 mm 范围内出现的环向裂缝宽度不应大于 1.5 mm;成品管内壁沿管子纵轴线的平行线成 15°夹角范围内不得出现长度大于 150 mm 的纵向可见裂缝。

检查数量:施工单位、监理单位按每管节检查。

检验方法:尺量。

7.4.13 成品管质量检验标准应不超过表 7.4.13 的规定。

表 7.4.13　成品管质量检验标准(mm)

<table>
<tr><th rowspan="2">公称直径</th><th rowspan="2">管子内径 D_0</th><th rowspan="2">保护层厚 t_g</th><th rowspan="2">管子长度 L</th><th colspan="2">承口工作面</th><th colspan="2">插口工作面</th><th rowspan="2">承插口工作面椭圆度</th><th rowspan="2">管子端面倾斜度</th></tr>
<tr><th>内径 B_b</th><th>深度 C</th><th>外径 B_s</th><th>长度 E</th></tr>
<tr><td>400～900</td><td>±6</td><td rowspan="4">正偏差不限；负偏差为0</td><td rowspan="4">±6</td><td rowspan="4">+1.0
+0.2</td><td>±5</td><td rowspan="4">−0.2
−1.0</td><td>+5</td><td rowspan="2">≤工作面标准尺寸(B_b或B_s)的0.5%</td><td>≤6</td></tr>
<tr><td>1 000～2 400</td><td>±8</td><td>+5
−10</td><td>+10
−5</td><td>≤9</td></tr>
<tr><td>2 600～3 400</td><td>±10</td><td>+5
−10</td><td>+10
−5</td><td rowspan="2">≤12</td><td rowspan="2">≤13</td></tr>
<tr><td>3 600～4 000</td><td>±10</td><td>+5
−15</td><td>+15
−5</td></tr>
</table>

检查数量：施工单位、监理单位按每管节检查。

检验方法：尺量。

7.5　管节顶进

基本要求

7.5.1　顶进时应严格控制顶管机开挖面的水土压力，稳定正面土体，防止超挖和欠挖，应严格控制机头轴线偏差，及时纠偏，并及时将高程和水平偏差值等实测姿态数据画在曲线图上。应确定偏差报警值，并建立处理机制。

7.5.2　顶进前应对钢筋混凝土管的钢套环、橡胶密封圈及衬垫材料进行检测和验收。管节与井壁连接质量应符合设计文件规定，洞圈结构应无渗漏水。

7.5.3　初始顶进阶段应采取防磕头和后退措施，过程中应计算并确定控制顶力。宜按控制顶力确定中继间位置和数量，并留有足够的顶力储备。

7.5.4　顶管施工应采用对管节外注入触变泥浆工艺，降低顶进阻力和减小地表变形。

7.5.5 顶管进洞前应加密贯通测量频率，确保机头准确进洞。

7.5.6 顶进结束后，应采用可硬性浆液对触变泥浆套进行固化处理，固化过程应进行地面沉降监测。固化施工后应及时对注浆孔进行封堵。

主控项目

7.5.7 直线顶管的顶进质量检验标准应符合表 7.5.7 的规定。

表 7.5.7 直线顶管顶进质量检验标准

顶进长度 l(m)	钢管		钢筋混凝土管	
	高程(mm)	平面(mm)	高程(mm)	平面(mm)
≤150	±60	≤100	±50	≤80
500≥l>150	±80	≤120	±80	≤100
l>500	±100	≤150	±80	≤150

检查数量：施工单位、监理单位按每管节检查。

检验方法：全站仪、激光经纬仪、水准仪等测量。

7.5.8 钢管拼装几何尺寸质量检验标准应符合表 7.5.8 的规定。

表 7.5.8 钢管拼装几何尺寸质量检验标准

序号	检查项目	允许偏差或允许值(mm)	
1	周长	D≤600	+2.0
		D>600	±3/1 000D
2	椭圆度	管端部位不大于 1/200D，其他部位不大于 1/100D	
3	端口垂直度	≤1/1 000D，且不应大于 1.5	
4	弧度	用弧长$(6/\pi)D$的弧形板测量于管内壁或外壁纵缝处形成的间隙，其间隙不大于 $0.1t+2$ mm，且不大于 4 mm，距管端 200 m，纵缝处间隙不大于 2 mm	

注：D 为管道外径(mm)；t 为壁厚(mm)；椭圆度为同一横截面上互相垂直的最大直径与最小直径之差(mm)。

检查数量：施工单位、监理单位按每管节检查。

检验方法：弧形板、直尺、钢卷尺、角尺等测量。

7.5.9 钢管焊接质量检验标准应符合表7.5.9的规定。

表7.5.9 钢管焊接质量检验标准

序号	检查项目	允许偏差或允许值(mm)
1	咬边深度	≤0.5，且长度≤100
2	表面余高	≤4
3	相邻管节错位	≤2
4	纵缝间隙	1，−2
5	超声波探伤	不低于焊接等级的Ⅱ级标准

检查数量：施工单位、监理单位按每管节检查。

检验方法：钢尺、超声波仪等检查。

一般项目

7.5.10 止水橡胶圈粘接剂涂刷应均匀、粘接牢固、无皱折、断面无明显收缩。

检查数量：施工单位、监理单位按每管节检查。

检验方法：观察、手推。

7.5.11 管节拼装时宜在钢套环与橡胶圈表面涂抹润滑剂，拼装中橡胶圈不应有滑移。

检查数量：施工单位、监理单位按每管节检查。

检验方法：观察。

7.5.12 橡胶圈的性能指标应符合设计文件规定，外形平整，接口无裂纹，表面无油污和机械损伤。

检查数量：施工单位、监理单位每个工程项目应检查1次～2次。

检验方法：查验进场的台账记录、质保书、材料检测报告，外观观察检查。

7.5.13 顶管的始发与接收洞口和管道接口应无渗漏泥水。

检查数量：施工单位、监理单位全数检查。

检验方法：观察。

7.5.14 钢管现场焊缝质量应符合设计文件和有关规范规定。

检查数量：施工单位、监理单位按按设计要求抽检。

检验方法：进行焊缝探伤，外观可观察检查。

7.5.15 顶管施工接口质量检验标准应符合表 7.5.15 的规定。

表 7.5.15 顶管施工接口质量检验标准

序号	检查项目		允许偏差或允许值(mm)	检查数量		检验方法
				范围	点数	
1	相邻管间错口	钢管	不大于 10%壁厚且≤2	每个接口	1 点	尺量
		混凝土管	不大于 15%壁厚且不大于 15			
2	橡胶止水圈		不脱出、轴向位移<6	每个接口	4 点	探尺量
3	接口内表面		无渗漏	每个接口	整环	观察

7.6 壁后注浆

主控项目

7.6.1 触变泥浆配合比应根据试验确定，触变泥浆性能指标可按表 7.6.1 选用。泥浆应充分搅拌水化，泥浆搅拌完成宜放置 24 h 后再行使用。

表 7.6.1 触变泥浆性能指标

黏度	滤失量	比重
>30 s	<25 ml/30 min	1.02～1.30

检查数量：施工单位、监理单位全数检查。

检验方法：检查材料质量证明文件、配合比报告、施工记录。

8 盾构法

8.1 一般规定

8.1.1 盾构施工期间的地基处理应根据工程地质与水文条件、地表环境、临近建(构)筑物情况和设计要求选择合理施工方法。

8.1.2 盾构机性能应满足工程地质与水文地质条件、环境保护、隧道线路和结构设计等要求,组装质量应符合相应规范和产品技术指标规定。

8.1.3 盾构施工应建立完整的测量和监控量测系统。

8.1.4 钢模应定期进行检验,周转使用必须满足精度标准要求。

8.2 管片制作

基本要求

8.2.1 钢筋混凝土管片应采用高精度的钢模制作,管片制作的钢筋、混凝土施工质量应符合现行国家标准《混凝土结构工程施工质量验收规范》GB 50204 的规定。

8.2.2 盾构管片的检测应符合现行行业标准《盾构隧道管片质量检测技术标准》CJJ/T 164 的规定。

8.2.3 材料级配应满足高强度混凝土制作要求。

主控项目

8.2.4 成型钢模质量检验标准应符合表 8.2.4 的规定。

表 8.2.4　成型钢模质量检验标准

序号	检查项目	允许偏差或允许值(mm)	检查数量	检验方法
1	宽度	±0.3	6 点/块	专用量具测量
2	弧弦长	±0.5	6 点/块	专用量具测量
3	深度	0～+2.5	6 点/块	专用量具测量
4	模芯孔距	±0.4	6 点/块	专用量具测量
5	环面角度	±0.02°	6 点/块	专用量具测量
6	端面角度	±0.01°	6 点/块	专用量具测量
7	端板与侧板角度处的缝隙	≤0.15	6 点/块	专用量具测量
8	模表面粗糙度 R_a	≤3.2	6 点/块	专用量具测量

检查数量:施工单位按每套钢模加工制作(或重大修理)、停用 1 年、生产 500 环管片后,检测 1 次;再生产 500 环,检验 1 次;以后每生产 300 环管片后,检验 1 次;监理单位见证检验。

检验方法:专用量具测量。

8.2.5　钢筋混凝土管片抗压强度、抗渗等级应符合设计文件规定。

检查数量:施工单位按同一配合比每工作台班制作抗压试件 1 组,每 10 环制作抗渗试件 1 组;监理单位见证检查。

检验方法:对试件检验,检查试验报告、质量评定记录。

8.2.6　混凝土管片外观应无严重缺陷,质量缺陷等级描述应符合表 8.2.6 的规定。

表 8.2.6　混凝土管片外观质量缺陷等级

缺陷	缺陷描述	等级
露筋	管片内钢筋未被混凝土包裹而外露	严重缺陷
蜂窝	混凝土表面缺少水泥砂浆而形成石子外露	严重缺陷
空洞	混凝土内空穴深度和长度均超过保护层厚度	严重缺陷

续表8.2.6

缺陷	缺陷描述	等级
夹渣	混凝土内夹有杂物且深度超过保护层厚度	严重缺陷
疏松	混凝土中局部不密实	严重缺陷
裂缝	可见的贯穿裂缝	严重缺陷
	长度方向延伸穿过密封槽，宽度大于 0.2 mm、深度大于 1 mm 的裂缝	严重缺陷
外表缺陷	密封槽部位在长度 50 mm 的范围内存在直径大于 5 mm、深度大于 5 mm 的气泡超过 5 个	严重缺陷
	管片孔洞周圈混凝土气泡、蜂窝沿孔周累计分布长度超过孔周长的 1/3	严重缺陷
预埋件缺陷	管片预埋注浆管堵塞、破损、松动	严重缺陷

检查数量：施工单位、监理单位全数检查。

检验方法：观察、尺量、仪器检测。

8.2.7 管片出厂前，应对管片拼装成环的尺寸偏差进行 2 环管片的水平方向预拼装检验，管片水平拼装质量检验标准应符合表 8.2.7 的规定。

表 8.2.7 管片水平拼装质量检验标准

序号	检查项目	允许偏差或允许值(mm)	检查数量	检验方法
1	环向缝间隙	≤1.0	每缝测 6 点	塞尺
2	纵向缝间隙	≤2.0	每缝测 3 点	塞尺
3	成环后内径	±2	测 4 条	钢卷尺
4	成环后外径	−2～+6	测 4 条	钢卷尺
5	螺栓不同轴度	≤1.0	全部	观察

检查数量：施工单位、监理单位按管片试生产开始制作的 6 环取 3 环进行水平拼装试验。正常生产时，每套钢模每生产

100 环应抽取 3 环做水平拼装检查。

检验方法:检查厂家水平拼装检验记录。

8.2.8 拼装用管片的弹性密封垫、传力缓冲衬垫及遇水膨胀橡胶条材料的粘贴应牢固、平整、严密、位置正确,不应有起鼓、超长、缺损现象。

检查数量:施工单位、监理单位全数检查。

检验方法:观察。

一般项目

8.2.9 钢筋混凝土管片应进行检漏测试,测试应符合设计文件规定。

检查数量:施工单位按每生产 50 环管片应抽查 1 块做检漏测试;连续 3 次检漏测试均合格,则改为每生产 100 环抽查 1 块,再连续 3 次合格,按最终检测频率 200 环 1 块进行检测;如出现 1 次不达标,则恢复 50 环抽查 1 块的最初检测频率。监理单位按施工单位检查数量的 30%见证取样检查,且至少 1 次。

检验方法:检查检漏试验报告、质量评定记录。

8.2.10 钢筋混凝土管片的钢筋骨架应采用焊接连接,预埋件安装应符合设计要求,钢筋骨架制作质量检验标准应符合表 8.2.10 的规定。

表 8.2.10 钢筋骨架制作质量检验标准

序号	检查项目	允许偏差或允许值(mm)	检查数量		检验方法
			范围	点数	
1	主筋间距	±5	每榀	4	尺量
2	箍筋间距	±10	每榀	5	
3	分布筋间距	±5	每榀	5	
4	骨架长、宽、高	−10~+5	每榀	6	

检查数量:施工单位每批次检查 1 次。

检验方法：观察、尺量。

8.2.11 混凝土管片外观不宜有一般缺陷，缺陷情况的描述应符合表8.2.11的规定。存在一般缺陷的管片数量不应大于同期生产管片总数量的10%，对已经出现的一般缺陷，应由生产厂家按技术要求处理后重新验收。

表8.2.11 混凝土管片外观质量缺陷等级

缺陷	缺陷描述	等级
裂缝	非贯穿性干缩裂缝	一般缺陷
外形缺陷	棱角磕碰、飞边等	一般缺陷
外表缺陷	管片表面麻面、掉皮、起砂、存在少量气泡或外弧面粗糙不平整，疏松	一般缺陷

检查数量：施工单位、监理单位全数检查。

检验方法：观察，检查生产厂家的技术处理方案。

8.2.12 管片内弧面应具有产品信息标识。

检查数量：施工单位、监理单位全数检查。

检验方法：观察。

8.2.13 管片尺寸质量检验标准应符合表8.2.13的规定。

表8.2.13 管片尺寸质量检验标准

序号	检查项目	允许偏差或允许值(mm)	检查数量	检验方法
1	宽度	±0.4	每块测3点	尺量
2	弧、弦长	±1	每块测3点	样板、塞尺
3	厚度	−1～+3	每块测3点	尺量
4	螺栓孔位及孔径	±1	每个	尺量

检查数量：施工单位按每10环抽检1环，监理单位见证检查。

检验方法：尺量。

8.3 盾构始发与接收

基本要求

8.3.1 盾构始发、接收防护措施应满足隧道轴线、洞门结构、盾构机外径等工况和要求，并符合设计文件或施工工艺规定。

8.3.2 洞门凿除物应及时清除，不应损坏洞圈止水装置，发生损坏后应及时修补。

8.3.3 常规盾构基座应有足够强度、刚度，并满足整体稳定性、盾构装拆和检修要求。基座导轨高程、轨距、中心位置及坡度应准确，固定应牢固。

8.3.4 盾构工作井结构强度、几何尺寸、抗渗等级，以及洞圈尺寸、中心坐标应满足设计文件和盾构始发接收要求。

8.3.5 始发前必须对盾构机进行验收，并出具盾构机验收报告，合格后方可始发施工。

8.3.6 开洞门前必须进行地基处理并钻孔取样检测，在洞门上的试探孔不应少于 9 个，必要时可加密，全部探孔无泥水渗漏时方可凿除洞门；开洞门前若要求降低地下水位的情况，须对降水效果进行检验。

8.3.7 盾构始发接收地基加固范围应符合设计文件规定，地基处理施工质量应符合本标准第 5 章的有关规定。

8.3.8 盾构始发接收后，洞门处管片与工作井壁间的间隙应及时封堵，并采取注浆充填和加固措施。洞口永久结构应及时施工完成。

8.3.9 盾构始发接收时，应及时对负环及到达段管片进行连接加固。

8.3.10 后靠设计应满足盾构掘进时对其产生的作用力和变形的要求。

8.3.11 盾构施工辅助设施配置应符合施工工艺、质量控制和进度控制要求。

主控项目

8.3.12 盾构始发、接收前，应对洞圈、基座和反力架进行复测确认。

检查数量：在每次始发、接收前检查，施工单位、监理单位全数检查。

检验方法：仪器测量。

8.3.13 盾构始发、接收防护装置的安装应符合施工工艺要求，并满足止水要求。

检查数量：对每个洞圈检查，施工单位、监理单位全数检查。

检验方法：观察。

8.3.14 采用工作井内回填水泥砂浆的盾构过站施工，应在过站前对回填材料规格型号、回填深度、材料强度、降水高度等进行检查，同时应符合设计其他要求。

检查数量：施工单位、监理单位按每个过站施工要求进行检验。

检验方法：检查施工方案。

一般项目

8.3.15 隧道洞门预埋钢环制作试拼装和定位安装质量检验标准应符合表 8.3.15-1 和表 8.3.15-2 的规定。

表 8.3.15-1 隧道洞门预埋钢环制作试拼装质量检验标准

序号	检查项目	允许偏差或允许值（mm）	检查数量		检验方法
			钢环数量	每环点数	
1	钢环内径	+5～+10	全数检验	内弧面正交直径上 4 点	尺量
2	钢环外端面平整度	±5	全数检验	外端面正交直径上 4 点	尺量

表 8.3.15-2 隧道洞门预埋钢环定位安装质量检验标准

序号	检查项目	允许偏差或允许值(mm)	检查数量		检验方法
			钢环数量	每环点数	
1	钢环内径	+10～+20	全数检验	内弧面正交直径上4点	尺量、全站仪测量
2	钢环垂直度	±10	全数检验	外端面竖径上下2点	吊线、全站仪测量
3	钢环横向倾斜度	±10	全数检验	外端面横径左右2点	尺量、全站仪测量
4	钢环平面位置	±10	全数检验	1点	全站仪测量
5	钢环高程	±10	全数检验	1点	水准仪测量

检查数量：施工单位、监理单位全数检查。

检验方法：全站仪、水准仪、吊线、尺量。

8.3.16 盾构始发、接收前，盾构机轴线的平面位置、高程与隧道轴线质量检验标准宜符合表8.3.16的规定。

表 8.3.16 隧道洞门轴线质量检验标准

序号	检查项目	允许偏差或允许值(mm)	检查数量		检验方法
			洞门数量	每处点数	
1	平面位置	±50	全部检验	1点	全站仪测量
2	高程	±50	全部检验	1点	水准仪测量

检查数量：施工单位、监理单位全数检查。

检验方法：全站仪、水准仪测量。

8.3.17 盾构始发、接收前，应按设计文件要求安装洞门密封装置，密封装置应完整无缺损，安装应牢固。

检查数量：施工单位、监理单位全数检查。

检验方法：观察。

8.4 盾构掘进与管片拼装

基本要求

8.4.1 盾构掘进中应保证正面土体稳定，应根据实际工况调整千斤顶区域油压和平衡压力。如停顿时间较长时，应及时采取措施，确保正面土体稳定。

8.4.2 盾构掘进时，应控制好实际土仓压力、掘进速度、出土量、壁后注浆、盾尾油脂、土体改良等参数之间的关系，以控制地表的隆陷值，并根据成型隧道上浮情况对盾构机掘进线路进行修正。

8.4.3 掘进过程中遇到下列情况之一时应停止掘进，分析原因并采取相应的处理措施：

1 盾构前方发生坍塌或遇有障碍。

2 盾构自转角度过大。

3 盾构位置偏离过大。

4 盾构推力及扭矩较预计的增大。

5 可能发生影响管片防水、运输、注浆及盾构相应系统设备故障等情况。

6 盾构掘进引起周边环境变形过量或管线事故。

7 成型隧道管片发生严重的碎裂、渗水情况等。

8.4.4 盾构掘进过程中和掘进结束后，应做好施工监测。

8.4.5 拼装前，管片防水密封材料的粘贴效果应验收合格。

8.4.6 应根据上一衬砌环姿态、盾构姿态、盾尾间隙、千斤顶行程确定管片排序。

8.4.7 管片应按便于拼装的顺序存放，存放场地基础条件应满足承载力要求。

8.4.8 拼装管片时，拼装机作业范围内严禁站人。

8.4.9 管片修补应符合下列规定：

1 当已拼装完成的钢筋混凝土管片表面出现本标准

第 8.2.11 中规定的一般缺陷时，应及时修补。修补后质量应符合验收要求。

2　管片修补时，应分析管片破损原因及程度，制定修补方案。

3　修补材料强度不应低于管片强度。

主控项目

8.4.10　管片拼装过程中，隧道轴线平面位置和高程质量检验标准应符合表 8.4.10 的规定。

表 8.4.10　管片拼装平面位置和高程质量检验标准

序号	检查项目		允许偏差或允许值（mm）	检查数量	检验方法
1	隧道轴线平面位置	直径 8 m～12 m 隧道	±75	1 点/环	全站仪、经纬仪测量
		直径 12 m 以上隧道	±100		
2	隧道轴线高程	直径 8 m～12 m 隧道	±75	1 点/环	水准仪测量
		直径 12 m 以上隧道	±100		

检查数量：施工单位全数检查。

检验方法：全站仪、经纬仪、水准仪测量。

8.4.11　管片螺栓产品质量应符合下列规定：

1　管片螺栓材质与最小抗拉强度应符合设计文件要求，并应符合现行国家标准《紧固件机械性能　螺栓、螺钉和螺柱》GB/T 3098.1 的规定。螺母、平垫圈连接件的机械性能应符合现行国家标准《平垫圈　C 级》GB/T 95 或《平垫圈　A 级》GB/T 97.1 的规定。

2　管片螺栓及连接件防腐涂层的处理工艺与涂层厚度应符合设计文件要求，并应符合现行国家标准《锌铬涂层技术条件》GB/T 18684，或现行行业标准《钢铁质件粉末渗锌》JB/T 5067，或现行国家标准《金属覆盖层　钢铁质件热浸镀锌层技术要求及试验方法》GB/T 13912 的规定。

检查数量：同批次生产出厂的产品为一检验批，不应超过200 环管片的螺栓安装总套数。施工单位每检验批抽检 1 组，每组 3 套；监理单位见证检查。

检验方法：检查产品出厂合格证、质量检验报告，以及螺栓抗拉强度和防腐涂层厚度等产品性能检测报告。

一般项目

8.4.12 隧道内管片螺栓及连接件安装数量、螺栓拧紧度应符合设计文件要求，安装紧固完成后，双头螺杆外露螺纹长度不宜小于 2 个螺距。单头斜螺杆的螺帽应密贴管片。

检查数量：施工单位全数检查。

检验方法：成型隧道观察检查，力矩扳手检查。

8.4.13 施工中管片拼装质量检验标准应符合表 8.4.13 的规定。

表 8.4.13 管片拼装质量检验标准

序号	检查项目		允许偏差或允许值	检查数量		检查方法
				环数	点数	
1	衬砌环椭圆度（‰）	直径 8 m～12 m 隧道	±5	每 10 环	—	断面仪、全站仪测量
		直径 12 m 以上隧道	±6			
2	衬砌环内错台（mm）	直径 8 m～12 m 隧道	5	逐环	4 点/环	尺量
		直径 12 m 以上隧道	6			
3	衬砌环间错台（mm）	直径 8 m～12 m 隧道	6	逐环	4 点/环	尺量
		直径 12 m 以上隧道	7			

注：椭圆度指圆形隧道管片衬砌拼装成环后隧道最大、最小直径的差值与隧道设计文件要求的内径的比值，以千分数表示。

检查数量：施工单位全数检查。

检验方法：断面仪、全站仪测量，尺量。

8.5 隧道注浆

基本要求

8.5.1 隧道注浆分为同步注浆和二次补强注浆，应根据工程地质条件、地表沉降状态、环境要求及设备等情况选择注浆方式、注浆参数。

8.5.2 注浆浆液配比和压注工艺应与工程所处地质与水文条件、环境保护、盾构机设备、变形控制等条件相适应，并通过试验段进行调整优化。

主控项目

8.5.3 注浆使用的原材料、浆液配合比、注浆压力、注浆量以及二次注浆孔封堵应符合设计文件要求。

检查数量：施工单位、监理单位全数检查。

检验方法：检查材料质量证明文件、配合比报告、施工记录。

一般项目

8.5.4 每环压浆量应满足地表沉降或隆起设计指标控制范围，并保证地表沉降控制在环境保护要求的规定以内。

检查数量：施工单位每环检查。

检验方法：观察并记录统计。

8.5.5 注浆压力应结合地层水土压力、管阻损耗压力和隧道稳定性进行综合计算设定，并满足环境保护要求。

检查数量：施工单位每环检查。

检验方法：观察并记录统计，沉降监测。

8.5.6 壁后注浆应保证管片背后充填密实。

检查数量：施工单位每 10 环检查 1 处。

检验方法：检查注浆记录，或采用地质雷达法等无损检测方法，或打开管片注浆孔入孔探察。

8.6 圆隧道内现浇式钢筋混凝土结构

8.6.1 现浇式钢筋混凝土结构质量验收应符合本标准第6章的相关规定。

8.7 圆隧道内装配式钢筋混凝土结构

Ⅰ 预制下部结构安装

主控项目

8.7.1 下部结构应无严重质量缺陷，结构性能满足要求。

检查数量：施工单位、监理单位全数检查。

检验方法：观察。

8.7.2 下部结构与管片间隙通过混凝土回填，混凝土强度应符合设计要求。

检查数量：施工单位、监理单位按设计要求进行。

检验方法：检查质量证明文件和抽样检验报告。

一般项目

8.7.3 下部结构不宜有一般缺陷，外观损伤应修补完好。

检查数量：施工单位、监理单位全数检查。

检验方法：观察。

8.7.4 下部结构应通过预埋调平钢套筒安装调平并符合设计要求。

检查数量：施工单位、监理单位全数检查。

检验方法：水准仪测量。

8.7.5 下部结构安装质量检验标准应符合设计要求；当设计无具体要求时，应符合表8.7.5的规定。

表 8.7.5 下部结构安装质量检验标准

序号	检查项目		允许偏差或允许值(mm)	检验方法
1	与设计轴线偏差	水平	根据设计要求	全站仪或其他测量仪器，每 5 块检查 1 次
		垂直		
2	相邻构件顶面高差		根据设计要求	尺量
3	下部结构顶面水平		根据设计要求	水准仪测量

检查数量:施工单位、监理单位按要求检查。

检验方法:全站仪或其他测量仪器测量,尺量。

Ⅱ 预制横向牛腿安装

主控项目

8.7.6 预制横向牛腿安装临时固定措施应符合施工方案的要求。

检查数量:施工单位、监理单位全数检查。

检验方法:观察。

8.7.7 预制横向牛腿通过后植螺栓与管片连接,其材料及连接质量应符合国家现行有关标准及设计要求。

检查数量:施工单位、监理单位全数检查。

检验方法:检查质量证明文件及相关检验报告。

8.7.8 预制横向牛腿安装完成后,其外观质量不应有严重缺陷,且不应有影响结构性能和安装、使用功能的尺寸偏差。

检查数量:施工单位、监理单位全数检查。

检验方法:观察、量测,检查处理记录。

一般项目

8.7.9 预制横向牛腿安装完成后,其外观质量不应有一般缺陷。

检查数量:施工单位、监理单位全数检查。

检验方法：观察，检查处理记录。

8.7.10 预制横向牛腿安装质量检验标准应符合设计要求，当设计无具体要求时，应符合表 8.7.10 的规定。

表 8.7.10 预制横向牛腿安装质量检验标准

序号	检查项目		允许偏差或允许值(mm)	检验方法和频率
1	与设计轴线偏差	水平	根据设计要求	全站仪或其他测量仪器，1 处/5 块
		垂直		全站仪或其他测量仪器，1 处/5 块
2	相邻高差		根据设计要求	尺量，每构件测量
3	后植螺栓与螺母连接率		100%	螺栓全部与螺母旋紧

检查数量：施工单位、监理单位按要求检查。

检验方法：测量仪器测量及尺量。

Ⅲ 预制中隔墙安装

主控项目

8.7.11 预制中隔墙安装临时固定措施应符合施工方案的要求。

检查数量：施工单位、监理单位全数检查。

检验方法：观察。

8.7.12 预制中隔墙与预制牛腿通过螺栓或其他方式连接，其材料及连接质量应符合国家现行有关标准及设计要求。

检查数量：施工单位、监理单位全数检查。

检验方法：检查质量证明文件、灌浆记录及相关检验报告。

8.7.13 预制中隔墙连接强度及顶部密闭性应按设计规定进行检验试验。

检查数量：施工单位每工作班取样不得少于 1 次，监理单位见证检查。

检验方法：检查试验报告。

8.7.14 预制中隔墙安装完成后，其外观质量不应有严重缺陷，且不应有影响结构性能和安装、使用功能的尺寸偏差。

检查数量:施工单位、监理单位全数检查。

检验方法:观察、量测,检查处理记录。

一般项目

8.7.15 预制中隔墙安装完成后,其外观质量不应有一般缺陷。

检查数量:施工单位、监理单位全数检查。

检验方法:观察,检查处理记录。

8.7.16 预制中隔墙安装质量检验标准应符合设计要求;当设计无具体要求时,应符合表 8.7.16 的规定。

表 8.7.16 预制中隔墙安装质量检验标准

序号	检查项目		允许偏差或允许值(mm)	检验方法
1	轴线位置		根据设计要求	全站仪、经纬仪及尺量
2	净距	纵向	根据设计要求	激光测距仪测量
		横向		
3	标高		根据设计要求	水准仪或拉线、尺量
4	垂直度	≤6 m	根据设计要求	经纬仪或吊线、尺量
		>6 m		

检查数量:施工单位、监理单位全数检查。

检验方法:测量仪器测量及尺量。

Ⅳ 预制电缆槽安装

主控项目

8.7.17 预制电缆槽应无严重缺陷,结构性能满足要求。

检查数量:施工单位、监理单位全数检查。

检验方法:观察。

8.7.18 预制电缆槽安装前,其混凝土抗压强度应达到设计强度要求。

检查数量：施工单位、监理单位全数检查。

检验方法：检查检验报告。

8.7.19 预制电缆槽与管片间间隙填实，应符合设计要求。

检查数量：施工单位、监理单位全数检查。

检验方法：检查检验报告。

一般项目

8.7.20 预制电缆槽安装完成后，其外观质量不应有一般缺陷。

检查数量：施工单位、监理单位全数检查。

检验方法：观察，检查处理记录。

8.7.21 预制电缆槽安装应与横向水平线垂直。

检查数量：施工单位、监理单位全数检查。

检验方法：经纬仪或吊线测量及尺量。

8.7.22 预制电缆槽安装完成后，其拼缝应作嵌缝处理。

检查数量：施工单位、监理单位全数检查。

检验方法：观察。

8.7.23 预制电缆槽安装质量检验标准应符合设计要求；如设计无具体要求时，应符合表 8.7.23 的规定。

表 8.7.23 预制电缆槽安装质量检验标准

序号	检查项目		允许偏差或允许值(mm)	检验方法
1	轴线位置		根据设计要求	全站仪或经纬仪测量
2	相邻高差	顶面	根据设计要求	尺量
		侧面		
3	拼缝宽度		根据设计要求	尺量
4	下部净宽		根据设计要求	激光测距仪测量

检查数量：施工单位、监理单位全数检查。

检验方法：测量仪器测量及尺量。

Ⅴ 混凝土结构植筋施工

基本要求

8.7.24 钢筋、胶粘剂的类别和规格应满足设计要求。

8.7.25 植筋施工时，基材表面温度和孔内表层含水率应符合设计和胶粘剂使用说明书要求；无明确要求时，基材表面温度不应低于15℃。

主控项目

8.7.26 基材上不应有结构抹灰层、装饰层和严重的裂缝。

检查数量：施工单位、监理单位全数检查。

检验方法：观察。

8.7.27 植筋钻孔应符合下列规定：

1 植筋钻孔前，应认真进行孔位的放样和定位，经核对无误后方可进行钻孔作业。

2 植筋钻孔孔径质量检验标准应满足表8.7.27-1的要求；钻孔深度、垂直度和位置质量检验标准应满足表8.7.27-2的要求。

表8.7.27-1 植筋钻孔孔径质量检验标准

序号	钻孔直径	允许偏差或允许值(mm)	钻孔直径	允许偏差或允许值(mm)
1	<14	0～+1	22～32	0～+2.0
2	14～20	0～+1.5	34～40	0～+2.5

表8.7.27-2 植筋钻孔深度、垂直度和位置质量检验标准

序号	植筋部位	允许偏差或允许值		
		钻孔深度(mm)	垂直度(%)	钻孔位置(mm)
1	基础	0～+20	±5	±10
2	上部构件	0～+10	±3	±5
3	连接节点	0～+5	±1	±3

检查数量:施工单位、监理单位按每种规格随机抽检 5%,且不少于 5 个。

检验方法:钢尺、探针、游标卡尺测量。

8.7.28 安装后的植筋外观及承载力检验应符合设计要求。

检查数量:施工单位、监理单位按每种规格随机抽检 5%,且不少于 5 个。

检验方法:观察。

一般项目

8.7.29 基材表面应坚实、平整,连接部位的原构件混凝土上不应有局部缺陷。

检查数量:施工单位、监理单位按每种规格随机抽检 5%,且不少于 5 个。

检验方法:观察。

8.7.30 在钢筋安装前,应彻底清理植筋孔或钢筋表面的附着物或污渍,清孔后,植筋孔和基面内应无残留的粉尘和碎屑。

检查数量:施工单位、监理单位按每种规格随机抽检 5%,且不少于 5 个。

检验方法:观察。

8.8 井接头

基本要求

8.8.1 井接头钢筋、模板、混凝土施工质量应符合现行国家标准《混凝土结构工程施工质量验收规范》GB 50204 的有关规定;现浇结构施工质量应符合本节的规定。

8.8.2 井接头防水施工质量应符合本标准第 10 章的规定。

8.8.3 井接头制作应符合设计文件规定,若拆除洞圈处管片存在高风险,宜采用外包式井接头。

主控项目

8.8.4 现浇结构的外观质量不应有严重缺陷。

检查数量:施工单位、监理单位全数检查。

检验方法:观察。

8.8.5 混凝土构筑物与隧道连接应严密,无渗漏现象。

检查数量:施工单位、监理单位全数检查。

检验方法:观察。

一般项目

8.8.6 现浇结构的外观质量不宜有一般缺陷。

检查数量:施工单位、监理单位全数检查。

检验方法:观察。

8.8.7 井接头质量检验标准应符合表 8.8.7 的规定。

表 8.8.7 井接头质量检验标准

检查项目	允许偏差或允许值(mm)	检查数量		检验方法
		范围	点数	
端面垂直度	8	每端面	2	尺量

检查数量:施工单位、监理单位按要求检查。

检查方法:尺量。

8.9 管片手孔封堵及嵌缝

主控项目

8.9.1 管片手孔封堵、嵌缝所用的原材料质量应符合设计要求,同时应符合国家现行相关标准的要求。

检查数量:施工单位、监理单位按设计文件的要求检查。

检验方法:对材料进行复试。

8.9.2 管片手孔封堵混凝土强度应符合设计要求，同时应符合现行相关标准的要求。

检查数量：施工单位、监理单位按设计文件的要求检查。

检验方法：查验试块报告。

一般项目

8.9.3 隧道衬砌拱顶严禁渗漏水，隧道经嵌缝处理后防水等级应符合设计文件规定。

检查数量：每环检查。

检验方法：观察并记录统计。

8.9.4 手孔封堵、嵌缝施工后表面应平整，无脱落现象。

检查数量：每环检查。

检验方法：观察并记录统计。

8.10 成型隧道

主控项目

8.10.1 防水质量应符合设计文件要求，渗水情况应符合设计文件要求的防水等级要求。

检查数量：施工单位全数检查，监理单位见证检查。

检验方法：观察及尺量渗水面积。

8.10.2 管片结构表面应无贯穿裂缝，管片接缝应符合设计文件要求。

检查数量：施工单位、监理单位全数检查。

检验方法：观察、仪器检查。

8.10.3 衬砌结构不应侵入建筑限界。

检查数量：施工单位按每 5 环检查 1 次，监理单位见证检查。

检验方法：全站仪、水准仪测量或隧道断面仪测量。

8.10.4 隧道轴线平面位置和高程质量检验标准应符合表 8.10.4

的规定。

表 8.10.4 隧道轴线平面位置和高程质量检验标准

序号	检查项目		允许偏差或允许值(mm)	检查数量	检验方法
1	隧道轴线平面位置	直径 8 m~12 m 隧道	±100	10 环	用全站仪或经纬仪测量
		直径 12 m 以上隧道	±150		
2	隧道轴线高程	直径 8 m~12 m 隧道	±100	10 环	水准仪或全站仪测量
		直径 12 m 以上隧道	±150		

检查数量：施工单位按每 10 环检查 1 次，监理单位见证检查。

检验方法：全站仪、经纬仪、水准仪测量。

一般项目

8.10.5 隧道质量检验标准应符合表 8.10.5 的规定。

表 8.10.5 隧道质量检验标准

序号	检查项目		允许偏差或允许值(mm)	检查数量		检验方法
				环数	点数	
1	衬砌环直径椭圆度	直径 8 m~12 m 隧道	±6‰D	10 环	—	断面仪、全站仪测量
		直径 12 m 以上隧道	±6‰D	10 环	—	断面仪、全站仪测量
2	衬砌环内错台	直径 8 m~12 m 隧道	10	逐环	4 点/环	尺量
		直径 12 m 以上隧道	12	逐环	4 点/环	尺量
3	衬砌环间错台	直径 8 m~12 m 隧道	15	逐环	4 点/环	尺量
		直径 12 m 以上隧道	17	逐环	4 点/环	尺量

注：D 指隧道的外直径(mm)。

检查数量：施工单位、监理单位全数检查。

检验方法：断面仪、全站仪测量及尺量。

9 联络通道

9.1 一般规定

9.1.1 本章适用于冻结法施工的联络通道工程。

9.1.2 本章内容依据《旁通道冻结法技术规程》DG/TJ 08—902、《市政地下工程施工质量验收规范》DG/TJ 08—236、《地下铁道工程施工质量验收标准》GB/T 50299、《混凝土结构工程施工质量验收规范》GB 50204、《地下防水工程质量验收规范》GB 50208、《钢筋焊接及验收规程》JGJ 18、《钢结构工程施工质量验收规范》GB 50205、《混凝土结构耐久性设计规范》GB/T 50476、《钢结构焊接规范》GB 50661 等规范标准进行汇编。

9.2 冻结法

Ⅰ 冻结加固

主控项目

9.2.1 采用冻结法施工的暗挖结构，地层冻结设计应由具有资质的专业设计单位进行设计，并应编制专项冻结施工方案，按设计文件要求和方案进行质量验收。

检查数量：施工单位、监理单位全数检查。

检验方法：查看设计文件和检查施工方案。

9.2.2 结构施工时，与冻结壁接触的混凝土温度不应低于 5℃。

检查数量：施工单位按每 20 m^2 设 1 处测温孔，监理单位见证检查。

检验方法:温度计测量。

9.2.3 冻土壁范围应无未冻土、涌砂及渗流水。

检查数量:施工单位、监理单位根据设计及工艺要求检查。

检验方法:探孔检验。

9.2.4 当停止冷冻作业时,混凝土强度和结构完成的情况应符合设计文件要求。

检查数量:施工单位、监理单位全数检查。

检验方法:检查施工记录和核对设计文件。

Ⅱ 冻结体开挖

基本要求

9.2.5 开挖过程中,应检测冻结壁的结霜情况和变形量,发现退霜、冻结壁变形或有剥落、掉块等异常情况,应查明原因,经处理后方可继续施工。

9.2.6 冻结体开挖应在临时支护的保护下进行,联络通道冻结应在隧道开口部的两侧架设多支撑的预应力支架。

9.2.7 联络通道冻土开挖之前,应在开口部位安装安全应急防护门。

主控项目

9.2.8 在开挖前和结构施工过程中,应检查冻结壁的厚度、深度和温度指标。

检查数量:施工单位、监理单位按设计文件给定的数量检查。

检验方法:利用测温孔的温度记录,根据设计文件计算冻结的深度和厚度。

9.2.9 冻结壁暴露的时间应符合设计文件要求。

检查数量:施工单位、监理单位全数检查。

检验方法:检查施工记录。

9.2.10 冻结开挖测温孔的温度、冻结壁厚度与平均温度、积极冻结的时间及盐水系统去回路温差、流量等应符合设计文件及施工工艺规定。

检查数量:施工单位、监理单位检查全部检测点。

检验方法:检查施工记录。

9.2.11 冻结体开挖实测项目质量检验标准应符合表 9.2.11 的规定。

表 9.2.11 冻结体开挖实测项目质量检验标准

序号	检查项目	允许偏差或允许值(mm)	检验方法和频率
1	开挖步距	不大于设计值	喇叭口 4 点,正常段 6 点,共 10 点
2	开挖断面超挖	不大于 30	直尺,5 个断面,每断面拉 2 条直线
3	开挖中心线偏差	不大于 20	量测

检查数量:施工单位按每开挖一循环检查 1 次,监理单位旁站检查。

检验方法:采用激光断面仪、全站仪、经纬仪量测周边轮廓断面,绘制断面图与设计文件规定的断面核对。

一般项目

9.2.12 在开挖过程中,应检测开挖面的冻结壁温度、冻土进入开挖面厚度和冻结壁的变形情况。

检查数量:施工单位、监理单位按每段、每次开挖检查 1 次。

检验方法:现场检查、测温和测量仪器检查。

9.2.13 防护门应能灵活开关,关闭后应能承受安装位置的地下水压,符合开挖方案的规定。

检查数量:施工单位、监理单位全数检查。

检验方法:检查施工记录,现场观察。

Ⅲ 格栅钢架与型钢

主控项目

9.2.14 型钢材料进厂检验应符合现行国家标准《碳素结构钢》GB/T 700 的规定。

检查数量：施工单位按同牌号、同炉罐号、同规格、同交货状态的型钢，每 60 t 为一批，不足 60 t 按一批计，每批抽验 1 次；监理单位随机抽查不少于 30%。

检验方法：检查产品合格证、出厂检验报告和进场复验报告。

9.2.15 制作钢架的钢材品种、级别、规格和数量应符合设计文件要求。

检查数量：施工单位全数检查，监理单位随机抽查不少于 30%。

检验方法：观察、尺量。

9.2.16 格栅钢架钢筋的弯制、末端的弯钩及型钢钢架的弯制应符合设计文件要求，焊缝应符合设计文件要求，不应有焊渣，钢筋应无锈蚀。

检查数量：施工单位全数检查，监理单位随机抽查不少于 30%。

检验方法：观察、尺量。

9.2.17 钢架安装的位置、接头连接、纵向拉杆应符合设计文件要求，钢架安装不应侵入二次衬砌断面，开挖面不应有虚渣和积水。

检查数量：施工单位、监理单位全数检查。

检验方法：观察、尺量。

9.2.18 格栅钢架主筋连接应在格栅接头处，应采用同一型号钢筋焊接,钢架与围岩间的间隙应采用喷射混凝土喷密实。

检查数量:施工单位全数检查,监理单位随机抽查不少于30%。

检验方法:观察。

9.2.19 钢筋、型钢、钢轨原材料应平直、无损伤,表面不应有裂纹、油污、颗粒状或片状锈蚀。

检查数量:施工单位、监理单位全数检查。

检验方法:观察。

一般项目

9.2.20 格栅钢架加工质量检验标准应符合表9.2.20的规定。

表9.2.20 格栅钢架加工质量检验标准

<table>
<tr><th rowspan="2">序号</th><th rowspan="2" colspan="2">检查项目</th><th rowspan="2">允许偏差或允许值(mm)</th><th colspan="2">检查数量</th></tr>
<tr><th>范围</th><th>点数</th></tr>
<tr><td rowspan="3">1</td><td rowspan="3">拱架(包括顶拱和墙拱架)</td><td>拱架矢高及弧长</td><td>0~+20</td><td rowspan="6">每榀</td><td>1</td></tr>
<tr><td>墙架长度</td><td>±20</td><td>1</td></tr>
<tr><td>墙架横断面尺寸(高、宽)</td><td>0~+10</td><td>2</td></tr>
<tr><td rowspan="3">2</td><td rowspan="3">钢筋格栅</td><td>高度</td><td>±30</td><td rowspan="3">3</td></tr>
<tr><td>宽度</td><td>±20</td></tr>
<tr><td>扭曲度</td><td>20</td></tr>
</table>

检查数量:施工单位、监理单位全数检查。

检验方法:尺量。

9.2.21 钢架安装质量检验标准应符合表9.2.21的规定。

表 9.2.21 钢架安装质量检验标准

<table>
<tr><th rowspan="2">序号</th><th rowspan="2">检查项目</th><th rowspan="2">允许偏差或允许值</th><th colspan="2">检查数量</th></tr>
<tr><th>范围</th><th>点数</th></tr>
<tr><td>1</td><td>钢架纵向</td><td>±50 mm</td><td rowspan="5">每榀钢架</td><td rowspan="2">3</td></tr>
<tr><td>2</td><td>钢架横向</td><td>±30 mm</td></tr>
<tr><td>3</td><td>高程偏差</td><td>±30 mm</td><td>2</td></tr>
<tr><td>4</td><td>垂直度</td><td>1°</td><td rowspan="2">3</td></tr>
<tr><td>5</td><td>钢架保护层厚度</td><td>−5 mm</td></tr>
</table>

检查数量:施工单位、监理单位全数检查。

检验方法:尺量。

Ⅳ 挂网喷射混凝土

基本要求

9.2.22 当喷射混凝土完成后,应布设测点,进行监控量测工作。

主控项目

9.2.23 水泥进场应按批对其品种、级别、包装或散装仓号、出厂日期等进行验收,并应对其强度、凝结时间、安定性进行试验,其质量应符合现行国家标准《通用硅酸盐水泥》GB 175 的规定。

检查数量:施工单位、监理单位按同一生产厂家、同一等级、同一品种、同一批号且连续进场的水泥,散装水泥每 500 t 为一批,袋装水泥每 200 t 为一批,当不足上述数量时,也按一批计,每批抽样不应少于 1 次。

检验方法:检查产品合格证、出厂检验报告,并进行强度、凝结时间、安定性试验。

9.2.24 喷射混凝土所用的细骨料应按批进行检验,其颗粒级配、坚固性、氯离子含量指标应符合现行行业标准《普通混凝土用砂、石质量及检验方法标准》JGJ 52 的规定，细度模数应大于 2.5，含水率应为 5%～7%。

检查数量：施工单位、监理单位按同一产地、同一品种、同一规格且连续进场的细骨料，每 400 m^3 或 600 t 为一批，不足 400 m^3 或 600 t 按一批计，每批抽检 1 次。

检验方法：检查出厂检验报告和取样送检。

9.2.25 喷射混凝土所用的粗骨料宜用卵石或碎石，粒径不应大于 15 mm 且不小于 5 mm，含泥量不应大于 1%。

检查数量：施工单位、监理单位按同一产地、同一品种、同一规格且连续进场的粗骨料，每 400 m^3 或 600 t 为一批，不足 400 m^3 或 600 t 按一批计，每批抽检 1 次。

检验方法：检查出厂检验报告和取样送检。

9.2.26 喷射混凝土中掺用外加剂进场时验收应符合下列规定：

1 质量应符合现行国家标准《混凝土外加剂》GB 8076 和《混凝土外加剂应用技术规范》GB 50119 的规定。

2 速凝剂应进行水泥相容性试验及水泥净浆凝结效果试验，初凝时间不应超过 5 min，终凝时间不应超过 10 min。

3 当使用碱性速凝剂时，不应使用活性二氧化硅石料。

检查数量：施工单位、监理单位按同一产地、同一品种、同一批号、同一出厂日期且连续进场的外加剂，每 50 t 为一批，不足 50 t 按一批计，每批抽检 1 次。

检验方法：检查产品合格证、出厂检验报告并进行试验。

9.2.27 喷射混凝土拌合用水应符合现行行业标准《混凝土用水标准》JGJ 63 的规定。

检查数量：施工单位按同水源的试验检查不应少于 1 次。

检验方法：水质分析试验。

9.2.28 喷射混凝土的配合比应符合设计文件要求。

检查数量：施工单位、监理单位按同强度等级、同性能混凝土检查 1 次。

检验方法:检查配合比试验报告。

9.2.29 喷射混凝土的强度应符合设计文件要求。用于检查喷射混凝土强度的试件,可采用喷大板切割制取。

检查数量:施工单位、监理单位按每联络通道拱和墙应各制作强度检查试件不少于 2 组;当材料或配合比变化时,应分别制作试件。

检验方法:检查混凝土强度试验报告。

9.2.30 当设计文件要求为抗渗混凝土时,应留置抗渗压力试件。

检查数量:施工单位、监理单位应按每联络通道取 1 组。

检验方法:检查混凝土抗渗压力试验报告。

9.2.31 钢筋网所使用的钢筋的品种、规格、性能应符合现行国家标准《钢筋混凝土用钢　第 2 部分:热轧带肋钢筋》GB/T 1499.2 和《冷轧带肋钢筋》GB/T 13788 的规定。

检查数量:施工单位、监理单位按同一厂别、同一炉罐号、同一规格、同一交货状态每 60 t 为一验收批,当不足上述数量时,也按一批计,每批抽样不应少于 1 次。

检验方法:检查产品合格证、出厂检验报告和进场复验报告。

一般项目

9.2.32 喷射混凝土拌制前,砂、石含水率应符合混凝土配合比设计规定,并应符合现行行业标准《铁路隧道工程施工质量验收标准》TB 10417 的规定。

检查数量:施工单位、监理单位按每工作班不应少于 1 次。

检验方法:砂、石含水率测试。

9.2.33 喷射混凝土原材料每盘称重的偏差应符合下列规定:

1 水泥重量的允许偏差应为±2%。

2 粗、细骨料重量的允许偏差应为±3%。

3 水、外加剂重量的允许偏差应为±2%。

检查数量:施工单位、监理单位按每工作班不应少于 1 次。

检验方法:称重检查。

9.2.34 钢筋网的网格间距允许偏差应为 10 mm,钢筋总根数不应小于设计文件要求,钢筋搭接长度允许偏差应为±15 mm。

检查数量:施工单位、监理单位按每进场一批,随机抽样 5 片。

检验方法:尺量。

9.2.35 钢筋网宜在喷射一层混凝土后铺挂。采用双层钢筋网时,第二层钢筋网应在第一层钢筋网被混凝土覆盖及混凝土终凝后铺设。

检查数量:施工单位、监理单位按每循环检验 1 次。

检验方法:观察检查,检查施工记录。

9.2.36 钢筋网搭接长度不应小于 200 mm(或一网格)。

检查数量:施工单位、监理单位按每循环检验 1 次,随机抽样 5 片。

检验方法:尺量。

9.2.37 钢筋应调直后使用,钢筋表面不应有裂纹、油污、颗粒状或片状锈蚀。

检查数量:施工单位、监理单位按每批检验 1 次。

检验方法:观察。

V 二衬钢筋

基本要求

9.2.38 钢筋工程的验收应符合本标准第 6 章的相关规定。

一般项目

9.2.39 完成后的结构边墙和顶拱应进行钢筋间距和保护层的无损检测,并应符合设计要求。

检查数量：施工单位、监理单位按每联络通道检测1个断面。

检验方法：钢筋无损检测仪检测。

Ⅵ 二衬模板与支架

基本要求

9.2.40 模板及支架工程的验收应符合本标准第6章的相关规定。

主控项目

9.2.41 二次衬砌施工前应对初期支护及其净空测量验收，断面尺寸的允许偏差应为－5 mm。

检查数量：施工单位、监理单位按每个施工循环检查。

检验方法：测量。

9.2.42 支架应进行稳定性检算，支承结构试压应符合设计文件要求。

检查数量：施工单位、监理单位全数检查。

检验方法：检查施工记录。

9.2.43 模板支立前应清理干净并涂刷隔离剂，铺设应牢固、平整、接缝严密、不漏浆。

检查数量：施工单位、监理单位全数检查。

检验方法：观察。

一般项目

9.2.44 模板安装应符合下列规定：

1 模板的接缝不应漏浆；在浇筑混凝土前，木模板应浇水湿润，模板内不应有积水。

2 浇筑混凝土前，模板内的杂物应清理干净。

3　相邻两块模板接缝高低差不应大于 2 mm。

检查数量：施工单位、监理单位全数检查。

检验方法：观察、尺量。

9.2.45　墙角、起拱线及拱顶结构的模板安装质量检验标准应符合表 9.2.45 的规定。

表 9.2.45　墙角、起拱线及拱顶结构的模板安装质量检验标准

序号	检查项目	允许偏差或允许值(mm)	检验方法
1	边墙角	±15	尺量
2	起拱线	±10	尺量
3	拱顶	0～+10	水准仪测量

检查数量：施工单位、监理单位全数检查。

9.2.46　顶板结构模板允许偏差应符合下列规定：

1　高程应预留沉落量 0 mm～+10 mm。

2　中线应为±10 mm。

3　宽度应为 10 mm～15 mm。

检查数量：施工单位、监理单位对同一检查项目检查不少于 3 个点。

检验方法：测量。

9.2.47　止水带不应穿孔或用铁钉固定。端头模板支立平面位置的允许偏差应为±10 mm，垂直度的允许偏差应为 2‰。

检查数量：施工单位、监理单位对同一检查项目检查不少于 3 个点。

检验方法：吊线、尺量，测量检查。

9.2.48　结构留置垂直施工缝时，端头应安放模板。

检查数量：施工单位、监理单位全数检查。

检验方法：观察。

Ⅶ 二衬混凝土

基本要求

9.2.49 混凝土工程的验收应符合本标准第 6 章的相关规定。

主控项目

9.2.50 衬砌结构应进行厚度的检测，其允许偏差应符合设计要求。

检查数量：施工单位、监理单位按每条结构连续检测 1 次。

检验方法：检查产品合格证、出厂检验报告，并进行强度、凝结时间、安定性试验。

一般项目

9.2.51 当结构变形缝设置嵌入式止水带时，混凝土灌注应符合下列规定：

1 灌注前应校正止水带位置，表面应清理干净，止水带损坏处应修补。

2 顶、底板结构止水带的下侧混凝土应振实，应将止水带压紧后，再继续灌注混凝土。

3 边墙处止水带应固定牢固，内外侧混凝土应均匀、水平灌注，应保持止水带位置正确、平直、无卷曲现象。

检查数量：施工单位、监理单位全数检查。

检验方法：观察，检查施工记录。

9.2.52 结构应无露筋、露石，其各部位尺寸质量检验标准应符合表 9.2.52 的规定。

表 9.2.52 隧道结构各部位尺寸质量检验标准

<table>
<tr><th rowspan="2">序号</th><th rowspan="2">检查项目</th><th colspan="5">允许偏差或允许值</th><th colspan="2">检查数量</th><th rowspan="2">检验方法</th></tr>
<tr><th>仰拱</th><th>拱部</th><th>变形缝</th><th>预埋件</th><th>预留孔洞</th><th>范围</th><th>点数</th></tr>
<tr><td>1</td><td>平面位置(mm)</td><td>—</td><td>—</td><td>±20</td><td>±20</td><td>±20</td><td rowspan="5">每施工段</td><td>1</td><td>尺量</td></tr>
<tr><td>2</td><td>垂直度(‰)</td><td>—</td><td>—</td><td>—</td><td>—</td><td>—</td><td>1</td><td>吊线、尺量</td></tr>
<tr><td>3</td><td>直顺度(mm)</td><td>—</td><td>—</td><td>5</td><td>—</td><td>—</td><td>1</td><td></td></tr>
<tr><td>4</td><td>平整度(mm)</td><td>10</td><td>15</td><td>—</td><td>—</td><td>—</td><td>3</td><td>3 m 靠尺检查</td></tr>
<tr><td>5</td><td>高程(mm)</td><td>±15</td><td>10～30</td><td>—</td><td>—</td><td>—</td><td>1</td><td>水准仪测量</td></tr>
</table>

注：1. 本表不包括特殊要求项目的偏差标准。
2. 平面位置以隧道线路中线为准进行测量。

检查数量：施工单位、监理单位全数检查。

检验方法：尺量、水准仪测量。

Ⅷ 防水

主控项目

9.2.53 防水层实测项目质量检验标准应符合表 9.2.53 的规定。

表 9.2.53 防水层实测项目质量检验标准

序号	检查项目	允许偏差或允许值(mm)	检验方法和频率
1	平整度	$D/L<1/10$	抽 3 个纵向断面，每个断面 3 点
2	搭接宽度偏差	−10	抽 3 个断面，每个断面 3 点
3	焊缝宽度	不小于 10	按焊缝数量 5%，每条焊缝 1 处，但不少于 3 处

注：D 为支护层相邻两凸面凹进去的深度。

检查数量：施工单位、监理单位全数检查。

检验方法:尺量。

一般项目

9.2.54 防水层表面应平顺,无皱折、无气泡、无破损等现象,与洞壁密贴,松紧适度,无紧绷现象。

检查数量:施工单位、监理单位全数检查。

检验方法:观察,检查施工记录。

9.2.55 接缝、补眼粘贴应密实饱满,不得有气泡、空隙。

检查数量:施工单位、监理单位全数检查。

检验方法:观察,检查施工记录。

Ⅸ 充填注浆与融沉注浆

基本要求

9.2.56 注浆分为充填注浆和融沉注浆,充填注浆为停止冻结后3 d~7 d内进行衬砌后充填注浆,主要利用预留注浆管对冻结帷幕与永久结构之间空隙充填注浆。融沉注浆采用自然解冻方法,利用冻结帷幕与联络通道衬砌之间预留逐渐管进行融沉补充注浆。

9.2.57 注浆过程中应按照多点、少量、多次、均匀、循序渐进的原则进行注浆。

主控项目

9.2.58 注浆使用的原材料、浆液配合比、注浆压力和注浆量应符合设计文件要求。

检查数量:施工单位、监理单位按每50 m^3 检查1次。

检验方法:检查配合比试验报告。

9.2.59 背后注浆应密实。

检查数量:施工单位、监理单位按每10 m检查1次,每个断面应从拱顶附近检查不少于3点。

检验方法：雷达探测无损检测。

一般项目

9.2.60 注浆压力、注浆量应符合设计文件要求。

检查数量：施工单位、监理单位全数检查。

检验方法：检查注浆记录。

9.2.61 注浆孔数量、深度应符合设计文件要求。

检查数量：施工单位、监理单位全数检查。

检验方法：观察，检查注浆记录。

X 冻结孔充填与封堵

主控项目

9.2.62 充填冻结管材料应采用强度等级 M10 以上水泥砂浆或强度等级 C15 以上混凝土，水泥浆的水灰比不应大于 0.8，浆液应防止受冻，充填的浆液体积不应小于冻结管容积的 95%，每根冻结管充填量必须有原始记录。

检查数量：施工单位、监理单位全数检查。

检验方法：检查注浆记录。

一般项目

9.2.63 钢管片上的孔口应焊接厚度不宜小于 12 mm 的钢板，并应按设计要求采用混凝土填满钢管片格仓。

检查数量：施工单位、监理单位全数检查。

检验方法：检查施工记录。

9.3 机械法

9.3.1 除冻结法外，常用的联络通道施工方法还有机械化施工法(顶管法和盾构法),二者在我国地铁区间联络通道施工中已有工程实践,但尚未得到广泛应用,其最主要原因是受限于地层条件的复杂性。机械化施工在软塑土地质条件下有一定优势;但在可液化粉砂层、淤泥质层等高富水地质条件下,机械化施工仍需采用冻结法加固地层,此条件下应由设计比选、确定施工工法,并提供具体的技术指标与要求。机械化施工联络通道施工技术尚未完全成熟,6 m 级地铁区间隧道与 9 m 级市域铁路区间隧道间的联络通道工程建造条件有较大差异,因此,本标准暂不编入机械化施工的相关内容。今后,在市域铁路建设中如果设计中有机械化建造联络通道的相关内容,可进一步按设计要求、相关技术标准等增加这一部分内容,以期更加有针对性地指导工程实践。

10 防 水

10.1 一般规定

10.1.1 防水各分项工程施工质量应符合本章及现行国家标准《地下防水工程质量验收规范》GB 50208 的规定。

10.2 细部结构、特殊构造防水

基本要求

10.2.1 防水混凝土结构的变形缝、施工缝、后提带等细部构造施工质量应符合现行国家标准《地下防水工程质量验收规范》GB 50208 的有关规定。

10.2.2 基坑中间桩与底板接头、基坑支撑窗洞、逆作内衬墙、箱涵顶进接头施工缝等特殊构造施工质量应符合本节有关规定。

一般项目

10.2.3 基坑立柱桩桩头应均匀涂刷水泥基渗透结晶型涂料或混凝土界面剂，遇水膨胀止水条或遇水膨胀止水胶应兜绕成环。桩头穿越底板防水层、格构柱穿过顶板防水层，穿孔处应封闭。

检查数量：全数检查。

检验方法：观察，查验隐蔽工程验收记录、防水密封材料出厂合格证、质量检验报告与现场抽样试验报告。

10.2.4 基坑支撑割拆后，在内衬土的预留洞施工缝接缝面应清洗干净。遇水膨胀止水条与遇水膨胀密封胶应固定。混凝土界面剂应涂匀，注浆管及其设置应满足设计要求。

检查数量：全数检查。

检验方法：观察，查验隐蔽工程验收记录。

10.2.5 基坑降水井井管应均匀涂刷水泥基渗透结晶型涂料或氓凝土界面剂，遇水膨胀止水条或遇水膨胀止水胶应兜绕成环。降水井井管穿越底板防水层或者穿过顶板防水层时，井管外应焊接 2 个止水片，井管内封孔后在底板或顶板处应在井管内焊接 2 个止水片。

检查数量：全数检查。

检验方法：观察，查验隐蔽工程验收记录检查、防水密封材料出厂合格证、质量检验报告与现场渗水试验报告。

10.2.6 逆作箱形结构施工缝接缝面应凿毛，止水条逆向固定应牢靠，应在接缝面涂有混凝土界面剂及采用注浆加强密封措施。接缝外贴式、中埋式止水带应符合现行上海市建筑标准设计《地下工程止水带应用图》DBJT 08—99 的有关规定，橡胶、塑料止水带接头应牢度。与顶板一起浇筑的墙体应做成斜坡形，其下部应预留空间 300 mm～500 mm。

检查数量：全数检查。

检验方法：观察，查验隐蔽工程验收记录。

10.2.7 箱涵顶进接头防水应无滴漏、渗水。

检查数量：全数检查。

检验方法：观察，查验隐蔽工程验收记录。

10.3 围护结构防水

基本要求

10.3.1 型钢水泥土搅拌墙、土钉墙、钻孔灌注桩挡墙等围护结构防水施工质量应符合本节规定。

一般项目

10.3.2 型钢水泥土搅拌墙作为复合式结构的围护墙时，应无滴漏、线流及渗水现象；作为分离式结构的围护墙时，应无线流现象，并采取有效的疏排水措施。

检查数量：全数检查。

检验方法：观察，查验隐蔽工程验收记录。

10.3.3 土钉墙注浆孔口的封孔应密封无渗漏，喷射混凝土壳体应无线流现象，并采取疏排水措施。

检查数量：全数检查。

检验方法：观察，抽查施工记录。

10.3.4 钻孔灌注桩及桩间应无漏泥、线流现象。

检查数量：全数检查。

检验方法：观察，抽查施工记录。

10.4 地下连续墙防水

基本要求

10.4.1 分离式结构、单层式结构或叠合式结构等地下连续墙支护结构防水施工质量应符合本节规定。

10.4.2 地下连续墙与内衬结构连接处，应凿毛并清洗干净，必要时应做特殊防水处理。

主控项目

10.4.3 防水混凝土所用原材料、配合比、坍落度以及其他防水材料性能指标应符合防水设计要求。

检查数量：分批次检验。

检验方法：查验出厂合格证、质量检验报告、计量和进场抽样试验报告。

10.4.4 地下连续墙混凝土强度和抗渗等级应符合设计文件规定。

检查数量:每幅槽段混凝土应制作抗压强度试件 1 组,每 5 幅槽段混凝土应制作抗渗等级试件 1 组。

检验方法:查验试验报告。

一般项目

10.4.5 地下连续墙墙面、墙缝渗漏水质量检验标准应符合表 10.4.5 的规定。

表 10.4.5 地下连续墙墙面、墙缝渗漏水质量检验标准

<table>
<tr><th rowspan="2">序号</th><th colspan="2" rowspan="2">检查项目</th><th rowspan="2">规定</th><th colspan="2">检查数量</th><th rowspan="2">检验方法</th></tr>
<tr><th>范围</th><th>点数</th></tr>
<tr><td rowspan="2">1</td><td rowspan="2">墙面渗漏</td><td>分离墙</td><td>无线流</td><td rowspan="4">幅槽段</td><td rowspan="4">全数</td><td rowspan="2">尺量、观察和检查隐蔽工程验收记录</td></tr>
<tr><td>单层墙或叠合墙</td><td>无滴漏和小于防水二级标准的湿迹</td></tr>
<tr><td rowspan="2">2</td><td rowspan="2">墙缝渗漏</td><td>分离墙</td><td>仅有少量夹泥和渗水</td><td rowspan="2">观察和检查隐蔽工程验收记录</td></tr>
<tr><td>单层墙或叠合墙</td><td>无可见夹泥和渗水现象</td></tr>
</table>

10.5 顶管法防水

一般项目

10.5.1 管节混凝土与节接头密封材料、嵌缝密封材料质量检验标准应符合表 10.5.1 的规定,具体性能指标应符合设计文件的规定。

表 10.5.1　管节混凝土与节接头密封材料、嵌缝密封材料质量检验标准

<table>
<tr><th rowspan="2">序号</th><th rowspan="2" colspan="2">检查项目</th><th rowspan="2">规定</th><th colspan="2">检查数量</th><th rowspan="2">检验方法</th></tr>
<tr><th>范围</th><th>次数/单条隧道</th></tr>
<tr><td rowspan="4">1</td><td rowspan="6">管节混凝土</td><td rowspan="2">强度等级</td><td>直径≥2 m</td><td>100 节</td><td rowspan="4">1</td><td rowspan="4">检查抗压、抗渗试验报告</td></tr>
<tr><td>直径<2 m</td><td>200 节</td></tr>
<tr><td rowspan="2">抗渗等级</td><td>直径≥2 m</td><td>200 节</td></tr>
<tr><td>直径<2 m</td><td>400 节</td></tr>
<tr><td rowspan="2">2</td><td rowspan="2">氯离子扩散系数</td><td>直径≥2 m</td><td rowspan="2">整条隧道</td><td>2</td><td rowspan="2">检查氯离子扩散系数试验报告</td></tr>
<tr><td>直径<2 m</td><td>1</td></tr>
<tr><td rowspan="2">3</td><td rowspan="4">节接头</td><td rowspan="2">止水密封圈</td><td>直径≥2 m</td><td rowspan="2">整条隧道</td><td>2</td><td rowspan="4">检查出厂合格证、质量检验报告、试样抽检试验报告</td></tr>
<tr><td>直径<2 m</td><td>1</td></tr>
<tr><td rowspan="2">4</td><td rowspan="2">嵌缝密封材料</td><td>直径≥2 m</td><td rowspan="2">整条隧道</td><td>2</td></tr>
<tr><td>直径<2 m</td><td>1</td></tr>
</table>

10.5.2　顶管管道贯通后管节接头应无漏泥、滴水现象。

检查数量：全数检查。

检验方法：观察。

10.5.3　顶管管节与工作井的接头密封所用帘布橡胶板应与井壁密贴，在注浆压力下，应无漏泥、漏水现象。

检查数量：全数检查。

检验方法：观察。

10.6　盾构法隧道防水

基本要求

10.6.1　对密封垫材料除硬度、扯断强度、扯断延伸率、压缩永久变形以及遇水膨胀材料的膨胀倍率等常规性能指标检测外，还应按设计要求对遇水膨胀橡胶密封垫长期水浸泡的质量变化率、反复干湿循环的性能变化率、防霉等耐久性指标进行检测。

10.6.2 管片正式生产前，应按设计要求进行混凝土氯离子扩散系数或混凝土渗透系数的检验，其指标应满足设计文件要求。

10.6.3 管片在安装密封垫前，密封垫沟槽内不应有大于 5 mm 气泡。拼装施工、竣工时，结构表面应无渗漏、缺棱、掉角以及管片碎裂等现象。

主控项目

10.6.4 盾构法隧道防水主控项目质量检验标准应符合表 10.6.4 的规定。

表 10.6.4 盾构法隧道防水主控项目质量检验标准

<table>
<tr><th rowspan="2">序号</th><th rowspan="2" colspan="3">检查项目</th><th rowspan="2">规定</th><th colspan="2">检查数量</th><th rowspan="2" colspan="2">检验方法</th></tr>
<tr><th>范围</th><th>点数</th></tr>
<tr><td rowspan="2">1</td><td rowspan="2">整条隧道</td><td rowspan="2">隧道渗漏</td><td>隧道渗量</td><td rowspan="2">符合设计规定</td><td rowspan="2">整条隧道任意 100 m^2</td><td>1 次～2 次</td><td rowspan="2" colspan="2">尺量、观察、设临时围堰储水检测</td></tr>
<tr><td>局部湿迹与漏量</td><td>2 次～4 次</td></tr>
<tr><td>2</td><td rowspan="3">管片混凝土</td><td colspan="2">强度等级</td><td rowspan="3">符合设计规定</td><td>每工作台班</td><td>制作抗压试件 1 组</td><td rowspan="3" colspan="2">检查试验报告、质量评定记录</td></tr>
<tr><td>3</td><td colspan="2">抗渗等级</td><td>每 10 环</td><td>制作抗渗试件 1 组</td></tr>
<tr><td>4</td><td colspan="2">外防水涂层性能指标</td><td>整条隧道或单项工程</td><td>1</td></tr>
<tr><td rowspan="2">5</td><td rowspan="2">管片接缝</td><td rowspan="2" colspan="2">密封垫</td><td rowspan="2">《高分子防水材料 第 4 部分：盾构法隧道管片用橡胶密封垫》GB 18173.4 的相关规定</td><td>常规指标每 200 环～250 环</td><td>1 次</td><td rowspan="2">检查产品合格证、质保单及抽样检测报告</td><td rowspan="2">若设计要求整环或局部嵌缝，则嵌缝材料的检查数量与方法相同</td></tr>
<tr><td>全性能检测整条隧道</td><td>2 次～3 次</td></tr>
</table>

续表10.6.4

<table>
<tr><th rowspan="2">序号</th><th colspan="2" rowspan="2">检查项目</th><th rowspan="2">规定</th><th colspan="2">检查数量</th><th rowspan="2">检验方法</th></tr>
<tr><th>范围</th><th>点数</th></tr>
<tr><td>6</td><td>隧道与井接头</td><td>密封材料</td><td>符合设计规定</td><td>进出洞1组接头</td><td>1</td><td>检查产品合格证、质保单或抽样检测报告</td></tr>
<tr><td>7</td><td>隧道与连接通道接头</td><td>密封材料</td><td>符合设计规定</td><td>每组接头</td><td>1</td><td rowspan="2">检查产品合格证、质保单或抽样检测报告</td></tr>
<tr><td>8</td><td>连接通道</td><td>防水混凝土、塑料防水板或聚合物水泥、聚合物砂浆等防水材料</td><td>符合国家现行标准规定</td><td>每个连接通道</td><td>1</td></tr>
</table>

一般项目

10.6.5 盾构法隧道防水一般项目质量检验标准应符合表10.6.5的规定。

表10.6.5 盾构法隧道防水一般项目质量检验标准

<table>
<tr><th rowspan="2">序号</th><th colspan="2" rowspan="2">检验项目</th><th rowspan="2">规定</th><th colspan="2">检查数量</th><th rowspan="2">检验方法</th><th rowspan="2">备注</th></tr>
<tr><th>范围</th><th>点数</th></tr>
<tr><td>1</td><td>管片混凝土</td><td>管片渗漏</td><td>渗水厚度≤管片保护层厚度</td><td>每50环</td><td>2</td><td>检查单块管片捡漏报告</td><td>试生产阶段捡漏频度应加大；管片宽度>1.2 m，可加大检查频度</td></tr>
<tr><td>2</td><td rowspan="2">管片接缝</td><td>管片接缝其他防水材料</td><td rowspan="2">符合设计规定</td><td rowspan="2">整条隧道</td><td rowspan="2">1</td><td rowspan="2">检查隐蔽工程验收记录</td><td rowspan="2">若设计要求整环或局部嵌缝，则检查数量与方法同管片接缝其他防水材料</td></tr>
<tr><td>3</td><td>手孔封堵作业质量</td></tr>
</table>

续表10.6.5

<table>
<tr><th rowspan="2">序号</th><th rowspan="2" colspan="2">检验项目</th><th rowspan="2">规定</th><th colspan="2">检查数量</th><th rowspan="2">检验方法</th><th rowspan="2">备注</th></tr>
<tr><th>范围</th><th>点数</th></tr>
<tr><td>4</td><td>隧道与井接头</td><td>井接头渗水量</td><td rowspan="3">符合设计规定</td><td rowspan="2">每组接头</td><td rowspan="2">1</td><td rowspan="3">观察、尺量与计量，检查隐蔽工程验收记录</td><td rowspan="3">/</td></tr>
<tr><td>5</td><td>隧道与连接通道接头</td><td>接头及通道渗漏量</td></tr>
<tr><td>6</td><td>连接通道</td><td>防水作业</td><td>每个通道</td><td>1</td></tr>
</table>

10.6.6 管片修补后的质量评定应符合表10.6.6的规定。

表10.6.6 缺损修补评定标准

缺陷类型	评定标准
气泡	修补处和管片整体平辑、光滑成一体，色差不明显，符合设计要求
混凝土剥落、缺角掉边、凹槽部位缺损	修补处和管片整体平整、光滑成一体，色差不明显，无开裂现象，符合设计要求
裂缝	修补处和管片整体平整、光滑成一体，色差不明显，用裂缝观察仪观察裂缝已经愈合，符合设计要求

10.7 混凝土耐久性

基本要求

10.7.1 混凝土结构耐久性验收内容应包括外观质量、混凝土材料耐久性和保护层厚度。

主控项目

10.7.2 混凝土结构的外观质量不应有严重缺陷。

检查数量：全数检查。

检验方法：观察，检查技术处理方案。

一般项目

10.7.3 混凝土材料耐久性验收应根据不同施工法进行验收。各类施工法的混凝土材料耐久性指标质量检验标准应符合表 10.7.3 的规定。

表 10.7.3 混凝土材料耐久性指标质量检验标准

<table>
<tr><th rowspan="2">序号</th><th rowspan="2" colspan="3">检查项目</th><th rowspan="2">规定</th><th colspan="2">检查数量</th><th rowspan="2">检验方法</th></tr>
<tr><th>范围</th><th>次数</th></tr>
<tr><td rowspan="4">1</td><td rowspan="4">盾构法管片/顶管法管节</td><td colspan="2">电通量</td><td rowspan="13">《耐久性设计与混凝土结构耐久性设计规范》GB/T 50476 的相关规定</td><td rowspan="4">直径＞8 m 或长度＞1 km</td><td>4</td><td>GB/T 50082</td></tr>
<tr><td>氯离子扩散系数</td><td>RCM 法</td><td>2</td><td rowspan="3">GB/T 50082</td></tr>
<tr><td colspan="2">抗裂性能</td><td>4</td></tr>
<tr><td colspan="2">快速碳化深度</td><td>2</td></tr>
<tr><td rowspan="9">2</td><td rowspan="9">各类现浇混凝土结构</td><td colspan="2" rowspan="2">电通量</td><td>≤8 000 m³</td><td>2</td><td rowspan="2">GB/T 50082</td></tr>
<tr><td>＞8 000 m³</td><td>4</td></tr>
<tr><td rowspan="3">氯离子扩散系数</td><td>自然扩散法</td><td></td><td>1</td><td>NT BUILD443</td></tr>
<tr><td rowspan="2">RCM 法</td><td>≤8 000 m³</td><td>1</td><td rowspan="6">GB/T 50082</td></tr>
<tr><td>＞8 000 m³</td><td>2</td></tr>
<tr><td colspan="2" rowspan="2">抗裂性能</td><td>≤8 000 m³</td><td>2</td></tr>
<tr><td>＞8 000 m³</td><td>4</td></tr>
<tr><td colspan="2" rowspan="2">快速碳化深度</td><td>≤8 000 m³</td><td>1</td></tr>
<tr><td>＞8 000 m³</td><td>2</td></tr>
</table>

注：地下交通工程排风井也应进行快速碳化深度检测，检测频度为 1 次/座。

10.7.4 混凝土保护层厚度、抗压强度、坍落度等耐久性指标应符合现行国家标准《混凝土结构质量验收规范》GB 50204 的规定。

检查数量和检验方法：参照现行国家标准《混凝土结构质量验收规范》GB 50204、《混凝土结构质量验收规范》GB 50204、《普通混凝土拌合物性能试验方法标准》GB/T 50080 进行。

10.8 渗漏水治理

基本要求

10.8.1 应按现行国家标准《地下防水工程质量验收规范》GB 50208 的相关规定对渗漏水现状与渗漏量进行调查、统计，并绘制出隧道渗漏水平面展开图。

10.8.2 渗漏水治理中的防水砂浆抹面的质量应按抹涂面积数量抽查检验。

10.8.3 渗漏水注浆堵漏宜在冬季施工，并参照现行行业标准《地下工程渗漏水治理技术规程》JGJ/T 212 制定治理方案。注浆施工材料与工艺的要求应符合表 10.8.3 的规定。

表 10.8.3 渗漏水注浆施工材料与工艺的要求

<table>
<tr><th rowspan="2">序号</th><th rowspan="2" colspan="2">检查项目</th><th colspan="2">注浆材料与辅助材料</th><th colspan="3">注浆工艺</th><th rowspan="2">注浆工具与设备</th></tr>
<tr><th>注浆材料</th><th>封缝密封材料</th><th>注浆压力</th><th>注浆嘴</th><th>注浆方式</th></tr>
<tr><td rowspan="2">1</td><td rowspan="2">施工缝（裂缝）</td><td>干燥或潮湿而不滴漏</td><td>聚氨酯、亲水性环氧</td><td>弹性水泥、聚硫、聚氨酯及改性环氧</td><td>0.2 MPa～0.8 MPa</td><td>粘贴式注浆嘴或压环式注浆嘴</td><td>骑缝（针眼法）注浆或钻斜孔注浆</td><td>手摇泵
压力罐
注浆枪</td></tr>
<tr><td>严重渗漏</td><td>超细水泥、油溶性聚氨酯、丙烯酸盐</td><td>聚合物快凝水泥（也可以不封）</td><td>0.8 MPa～10 MPa</td><td>压环式止逆注浆嘴</td><td>钻斜孔注浆</td><td>手摇泵
电动柱式泵</td></tr>
</table>

续表10.8.3

序号	检查项目		注浆材料与辅助材料		注浆工艺			注浆工具与设备
			注浆材料	封缝密封材料	注浆压力	注浆嘴	注浆方式	
2	变形缝	严重渗漏	油溶性聚氨酯(水泥膨润土)	遇水膨胀橡胶或密封胶、聚合物快凝水泥或水泥砂浆	0.3 MPa～2 MPa	金属或硬质塑料管击入缝内"打坝"注浆	插管或埋管注浆(可间歇压注)	电动柱式泵或齿轮泵

一般项目

10.8.4 注浆材料及防水抹面材料应符合设计及施工工艺规定。

检查数量:按批次检查。

检验方法:查验产品合格证、质量检验报告、隐蔽工程验收记录或现场抽样报告。

10.8.5 注浆效果应符合设计或施工工艺要求。

检查数量:全数检查;钻孔取芯、超声波检测时,可按裂缝、接缝总数的10%检查。

检验方法:渗漏水量计量检测;有注入深度要求时,可用钻孔取芯检测、超声波检测。

10.8.6 快硬水泥、防水砂浆抹面应平实,无裂缝和渗漏现象。

检查数量:全数检查。

检验方法:观察。

11 施工监测

11.1 一般规定

11.1.1 工程施工中应对地下工程本体和地下管线、建筑物等实施监测。

11.1.2 基坑开挖、顶管、隧道盾构推进等专业施工监测应符合国家现行有关标准以及本章的规定。

11.1.3 施工监测宜按下列步骤进行：

1 现场踏勘，收集资料。

2 制定监测方案。

3 监测点设置与验收，设备、仪器校验和元器件标定。

4 现场监测。

5 监测数据的处理、分析及信息反馈。

6 提交阶段性监测结果和报告。

7 现场监测工作结束后，提交完整的检测资料和报告。

11.1.4 根据工程特点、所处位置的地质条件、环境复杂程度及设计要求，监测等级可分一、二、三级。

11.1.5 施工监测在实施前，应编写施工监测方案，报相关部门审批并取得许可、备案。

11.1.6 工程的监测项目应与基坑工程设计和施工组织设计等其他相关技术文件相匹配，应对关键部位实施重点观测。监测系统应有效、完整。

11.1.7 监测仪器必须在校验的有效期内，并定期进行日常检查和保养，元器件现场埋设前应进行标定。

11.1.8 施工监测以相对测量、测试为主，通过监测数据计算监测对象的变化量。当变化量达到报警值时，应立即采取包括报警并增加监测频率等应急措施。

11.1.9 施工监测的预警值、报警值应得到建设、设计及相关单位的确认。预警值应由监测方根据工程监测等级在监测技术方案中加以明确。

11.1.10 施工监测实施前应对工程影响范围内的周边环境进行初始状态的检测。

11.1.11 施工监测应采用仪器监测加现场巡视相结合的方法。监测单位应按时提交监测数据、工况及环境巡视情况、分析说明等监测信息。

11.1.12 对同一监测项目，监测时宜符合下列要求：

1 观测方法和观测路线应保持一致。

2 监测仪器和设备应确保相同。

3 观测人员应固定。

4 监测环境和条件应基本相同。

11.1.13 施工监测的现场记录内容应真实、齐全、整洁、规范，并妥善保管。

11.1.14 各类监测点(孔)应严格按经审批的监测方案布置，埋设成活率应满足施工监测需要，重要监测点损坏后应及时修复或重新布设。

11.1.15 高程、水平监测基准点数量应大于 3 个以上，布设在施工区域 50 m 以外的稳定部位，并定期进行检测。

11.1.16 周边环境沉降变形稳定的标准为 60 d 内的变形量不大于±0.6 mm。

11.2 监测精度和方法

监测精度

11.2.1 高程控制网应采用水准路线测量，水准路线测量主要技术要求和测量等级精度应符合表 11.2.1 的规定。

表 11.2.1 水准路线测量主要技术要求和测量等级精度

监测等级	测站观测		视线长度(m)	前后视距差(m)	前后视差累积差(m)	视线高度(m)	单线往返测、附合或环线闭合差(mm)	检测已测段高差之差(mm)	使用仪器、观测方法及要求
	基、辅读数差(mm)	基、辅读数所测高差之差(mm)							
一	0.3	0.5	≤30	≤0.7	≤1.0	≥0.3	$0.3\sqrt{n}$ $(\pm1.7\sqrt{l})$	$\pm0.45\sqrt{n}$	DS05 级水准仪，宜按国家一等水准测量技术要求施测
二	0.5	0.7	≤50	≤2.0	≤3.0	≥0.2	$1.0\sqrt{n}$ $(\pm4.5\sqrt{l})$	$\pm1.5\sqrt{n}$	DS1 级水准仪，宜按国家二等水准测量技术要求施测
三	1.0	1.5	≤75	≤5.0	≤8.0	三丝能读数	$3.0\sqrt{n}$ $(\pm11.0\sqrt{l})$	$\pm4.5\sqrt{n}$	DS3 级水准仪，宜按国家三等水准测量技术要求施测

注：n 为测站数；l 为单程测量线路长度(km)。

11.2.2 水平位移控制采用测角测量，测角控制网测量精度应符合表 11.2.2 的规定。

表 11.2.2　测角控制网测量精度

监测等级	最弱边边长中误差(mm)	平均边长(m)	测角中误差(″)	最弱边边长相对中误差
一级	±1.0	200	±1.0	1∶200 000
二级	±3.0	300	±1.5	1∶100 000
三级	±10.0	500	±2.5	1∶50 000

注:1. 最弱边边长相对中误差中未计及基线边长误差影响。
2. 有下列情况之一时,不宜按本规定采用:最弱边边长巾误差不同于表列规定时;实际平均边长与表列数值相差较大时。

11.2.3　监测点高程采用几何水准路线测量,水平位移监测点采用小角度法、准视线法测量,高程与水平位移测量精度应符合表 11.2.3 的规定。

表 11.2.3　监测点观测精度

监测等级	垂直位移测量	水平位移测量
	监测点的高程中误差(mm)	观测点的点位中误差(mm)
一级	±0.3	±1.0
二级	±0.5	±3.0
三级	±1.0	±6.0

注:1. 监测点高程中误差系相对于基准点。
2. 水平位移点位坐标中误差系相对 t 点坐标中误差。

11.2.4　监测仪器、设备精度应满足相应监测等级要求。

11.2.5　测斜仪的系统精度不宜低于 0.25 mm/m,分辨率不宜低于 0.02 mm/500 mm。

11.2.6　建筑倾斜观测精度应符合现行国家标准《工程测量规范》GB 50026 和现行行业标准《建筑变形测量规范》JGJ 8 的有关规定。

11.2.7　应力、应变计的量程宜为设计值的 2 倍,精度不宜低于 0.5%F・S。

监测方法

11.2.8 水平位移可采用视准线法、小角度法、投点法等;测定监测点任意方向的水平位移时可视监测点的分布情况,采用前方交会法、后方交会法、极坐标法等;当测点与基准点无法通视或距离较远时,可采用GPS测量法或三角、三边、边角测量与基准线法相结合的综合测量方法。

11.2.9 竖向位移(沉降)监测可采用几何水准或液体静力水准等方法,各监测点与水准基准点或工作基点应组成闭合环路或附合水准路线。

11.2.10 测斜监测方法应符合下列规定:

1 测斜仪探头置入测斜管底后,应待探头接近管内温度时再量测,每个监测方向均应进行正、反两次量测。

2 当以上部管口作为深层水平位移的起算点时,每次监测均应测定管口坐标的变化并修正。

11.2.11 支撑轴力监测应符合下列规定:

1 应在每天同一气象条件下进行轴力监测。

2 可采用安装在结构内部或表面的应变计或应力计进行量测。

3 传感器宜在基坑开挖前一周埋设,并取开挖前连续2 d获得的稳定测试数据的平均值作为初始值。

11.2.12 地下水位监测应符合下列规定:

1 地下水位的测点应于基坑降水井施工前一周布设完成,并取得稳定的初始值。

2 地下水位观测数据宜采用绝对高程。

11.2.13 孔隙水压力、土压力监测应符合下列规定:

1 孔隙水压力应采用孔隙水压力计测试,土压力采用土压力计量测。

2 压力计的量程应满足被测压力的要求,其上限可取设计压力的 2 倍，精度不宜低于 0.5%F·S，分辨率不宜低于 0.2%F·S。

3 压力计埋设以后应立即进行检查测试，基坑开挖前应至少经过 1 周时间的监测并取得稳定初始值。

11.2.14 建(构)筑物倾斜监测应符合下列规定：

1 建筑倾斜观测应根据现场观测条件和要求，选用投点法、前方交会法、激光铅直仪法、垂吊法、倾斜仪法和差异沉降法等。

2 建筑倾斜观测精度应符合现行国家标准《工程测量规范》GB 50026 和现行行业标准《建筑变形测量规范》JGJ 8 的有关规定。

11.2.15 建(构)筑物裂缝监测应符合下列规定：

1 裂缝宽度监测宜在裂缝两侧贴埋标志，用千分尺或游标卡尺等直接量测，也可用裂缝计、粘贴安装千分表量测或摄影量测等。

2 裂缝长度监测宜采用直接量测法。

3 裂缝深度监测宜采用屇声波法、凿出法等。

11.2.16 土体分层沉降及坑底隆起监测应符合下列规定：

1 土体分层沉降可通过埋设分层沉降磁环或深层沉降标，采用分层沉降仪结合水准测量方法进行量测。

2 分层竖向位移标应在基坑开挖前一周埋设，沉降磁环可通过钻孔和分层沉降管定位埋设，沉降管安置到位后应使磁环与土层粘结牢固。

3 土体分层竖向位移的初始值应在分层竖向位移标埋设稳定后量测，稳定时间不应少于 1 周并获得稳定的初始值；监测精度不宜低于 1.5 mm。

4 每次测量应重复进行 2 次并取其平均值作为测量结果，2 次读数较差应不大于 1.5 mm。

5 采用分层沉降仪法监测时，每次监测均应测定管口高程的变化，并换算出测管内各监测点的高程。

6 坑底隆起可采用分层沉降仪进行监测,测孔应在基坑开挖前布设,开挖过程中及时保护管体的完整性。

11.2.17 工程检查精度和方法的检查应全数检查,并根据监测方法实施检验。

11.3 基坑开挖监测

基本要求

11.3.1 基坑开挖监测项目可分为必选项目和可选项目,其选择应符合表11.3.1的规定。

表11.3.1 基坑开挖监测项目选择

监测等级	地下管线位移	地表土体沉降	建筑物位移	围护墙顶位移	围护墙体测斜	支撑轴力	地下水位	立柱降沉	土压力	孔隙水压力	坑底隆起	土体水平位移	土体分层沉降
一级	√	√	√	√	√	√	√	√	◇	◇	◇	◇	◇
二级	√	√	√	√	√	√	√		◇	◇	◇	◇	◇
三级	√	√	√	√	√	◇	◇	◇	◇	◇	◇	◇	◇

注:√为必选项目;◇为可选项目,可按设计要求选择。

11.3.2 编制监测方案应根据基坑设计要求及确定的监测等级,选择监测项目。

11.3.3 监测点或检测孔应按照批准的监测方案布置、埋设。

11.3.4 基坑开挖监测应收集基坑施工技术方案、地质、管线及周边环境等有关资料。

11.3.5 监测单位应在基坑开挖前,向建设、设计及相关单位报送监测项目的预警值,并得到确认。

11.3.6 基坑工程本体监测报警值应由设计根据工程监测等级

设计确定。

11.3.7 建(构)筑物、地下管线等报警值应按相关规范或设计要求执行。

主控项目

11.3.8 围护墙体及土体测斜应符合下列规定：

1 测点布设间距应在 20 m～50 m/测孔，每侧边监测点至少 1 个，并根据基坑形状布设在变形较大或有代表性的部位。

2 监测频率及监测报警值应符合现行国家标准《建筑基坑工程监测技术规范》GB 50497 或设计文件的规定。

11.3.9 支撑轴力测试应符合下列规定：

1 应根据设计意图布设在支护体系受力较大或有代表性的部位。

2 支撑轴力应根据支撑类型选取相应的轴力计或钢筋计，施工中应注意对轴力计或钢筋计的保护。

3 监测及监测报警值应符合现行国家标准《建筑基坑工程监测技术规范》GB 50497 或设计文件的规定。

11.3.10 建(构)筑物沉降监测应符合下列规定：

1 施工前应对预计影响大的建(构)筑物进行拍照存档，并进行倾斜观测和裂缝观测。倾斜和裂缝观测应符合现行行业标准《建筑变形测量规范》JGJ 8 的规定。

2 测点布设、监测频率及报警值应符合现行国家标准《建筑基坑工程监测技术规范》GB 50497 的规定。

11.3.11 地表土体沉降监测应符合下列规定：

1 测点宜监测剖面设在坑边中部或其他有代表性的部位，监测剖面应与坑边垂直，数量视具体情况确定。每个监测剖面上的监测点数量不宜少于 5 个。

2 应加强对地面裂缝、支护体系与地面间的裂缝巡检。

11.3.12 地下管线变形监测应符合下列规定：

1 监测点宜布置在管线的节点、转角点和变形曲率较大的部位，监测点平面间距宜为 15 m～25 m，并宜延伸至基坑边缘以外 1 倍～3 倍的基坑开挖深度范围内的管线。

2 加强对监测点位及管线泄漏的巡检，如发现异常，应立即上报建设单位和相关部门，并通知相关管线单位。

3 监测报警值应取得管线部门的同意。

11.3.13 围护墙顶变形监测应符合下列规定：

1 围护墙顶变形监测的初始值应在基坑降水前一周，取两次测量的平均值作为初始数据。

2 水平位移测点宜与墙体的测斜孔同点布设：

1）水位测孔应按设计要求和现场水文地质情况布设，基坑每侧应至少布设 1 个水位观测孔；

2）基坑外地下潜水水位孔深度应布设在基坑底板以下 1 m～2 m 深；

3）监测报警值应取得设计单位的同意或按相关规范执行。

一般项目

11.3.14 孔隙水压力、土压力传感器应符合下列规定：

1 孔隙水压力、土压力传感器应在埋设前清水浸泡 24 h，浸泡后其频率测试值为初始频率。

2 孔隙水压力传感器埋设后应以黏土球回填。

11.3.15 土体分层沉降及坑底隆起监测应符合下列规定：

1 埋设测斜管应确保与周围土体密实。

2 测斜管底部应埋设到稳定的土层中。

3 土体分层竖向位移的初始值应在分层竖向位移标埋设稳定后量测，稳定时间不应少于 1 周并获得稳定的初始值；监测精度不宜低于 1.5 mm。

4 每次测量应重复进行 2 次并取其平均值作为测量结果，2 次读数的校差不应大于 1.5 mm。

5　采用分层沉降仪法监测时，每次监测均应测定管口高程的变化，并换算出测管内各监测点的高程。

6　坑底隆起可采用分层沉降仪进行监测，测孔应在基坑开挖前布设，开挖过程中及时保护管体的完整性。

11.3.16　立柱沉降监测应符合下列规定：

1　在支撑挠注后布设测点，监测点不应少于立柱总根数的5%，逆作法施工的基坑不应少于10%，并均不应少于3根；立柱的内力监测点宜布置在受力较大的立柱上，位置宜设在坑底以上各层立柱F部的1/3部位。

2　可采用水准测量方法监测。

11.4　顶管监测

基本要求

11.4.1　顶管监测项目可分为必选项目和可选项目，其选择应符合表11.4.1的规定。

表11.4.1　顶管监测项目选择

监测等级	地下管线位移	地表道路沉降	建筑物沉降	管段变形	管段沉降	管段应力	地表水位	土体水平位移	土体分层沉降
一级	√	√	√	√	√	√	√	√	√
二级	√	√	√	√	√	◇	◇	◇	◇
三级	√	√	√	◇	√	◇	◇	◇	◇

注：√为必选项目；◇为可选项目，可按设计要求选择。

11.4.2　编制监测方案应根据设计要求及确定的监测等级，选择监测项目。

11.4.3　监测点、监测孔应按批准的监测方案布置、埋设。

11.4.4　顶管和顶入式箱涵顶进沿线的地下管线、地表道路和建

(构)筑物应进行监测,地下管线沉降直接监测点的设置应取得相关部门的许可。

11.4.5 顶管和顶入式箱涵穿越防汛墙、大堤和铁路时,除应对其进行沉降监测外,还应增加对周围土体变形和地表水位的监测。防汛墙、大堤和铁路的监测应取得相关部门的许可。

11.4.6 地表道路沉降点应布设在顶管和顶入式箱涵推进轴线上,测点间距 5 m。

11.4.7 顶管和顶入式箱涵进、出门洞前后应提高监测频率。

11.4.8 顶管及顶入式地道箱涵顶进应全程监测。

11.4.9 顶管和顶入式箱涵工作井、工作坑的监测应按本标准第 16.3 节的有关规定执行。

11.4.10 顶管工作井沿轴线 30 m 范围内,应每天监测所有项目,直至区间顶管工程结束、监测项目稳定止。

主控项目

11.4.11 顶管顶进施工前,应对隧道轴线沿线 2 倍隧道直径范围内的建筑物的现状进行调查,并制定有针对性的监测技术方案。

11.4.12 管节变形的测点宜选用不锈钢材质。

11.4.13 管节沉降的测点应在埋设后方可开始测量。

11.4.14 地下管线沉降监测应符合本标准第 11.3.12 条的规定。

11.4.15 建(构)筑物沉降监测应符合本标准第 11.3.10 条的规定。

11.4.16 地表道路沉降和位移测点的埋设应在顶管推进前一周完成。在地表土体不密实时,宜埋设深层测点。

一般项目

11.4.17 深层土体的水平位移和分层沉降测孔的埋设应在顶管推进前 15 d 完成,埋设 7 d~10 d 后开始测量初始值;土体分层沉降应测量沉降管口高程；地表水位测孔的埋设应在顶管推进 10 d 前完成，埋设 3 d 后开始测量，取 2 次测量的平均值作为初始值。

11.5 盾构推进监测

基本要求

11.5.1 盾构推进监测项目可分为必选项目和可选项目，其选择应符合表 11.5.1 的规定。

表 11.5.1 盾构推进工程监测项目选择

监测等级	地下管线位移	地表道路沉降	建筑物沉降	隧道直径变形	隧道沉降	地下水位	土体水平位移	土体分层沉降	孔隙水压力	管片及连接件应力
一级	√	√	√	√	√	√	√	√	√	◇
二级	√	√	√	√	√	◇	◇	◇	◇	◇
三级	√	√	√	◇	√	◇	◇	◇	◇	◇

注：√为必选项目；◇为可选项目，可按设计要求选择。

11.5.2 编制监测方案应按设计要求和环境情况确定监测等级，选择监测项目。

11.5.3 监测点、监测孔应按照批准的监测方案布置、埋设。

11.5.4 应对盾构推进沿线的地下管线、地表道路和建(构)筑物进行监测。地下管线位移监测点设置应取得相关部门的许可。

11.5.5 盾构穿越防汛墙、大堤、铁路和箱涵或其他隧道时，应对其进行沉降监测，并增加对周围土体变形和地表水位的监测。防汛墙、大堤和铁路的监测点设置应得到相关部门的许可。

11.5.6 地面道路沉降点的设置应沿盾构推进轴线布置，点距为 5 m～6 m；每隔 30 m 或 50 m 左右应布设测量横断面，其宽度可按 2 倍隧道开挖宽度来确定，测点的横向间距为 2 m～5 m。

11.5.7 盾构进、出洞前后应加强监测频率。

11.5.8 盾构进出洞及沿线重要建(构)筑物部位的地面监测点应打穿硬地坪,将测点布设到原状土层中。

11.5.9 盾构推进施工前,应对隧道轴线沿线2倍隧道直径范围内的建筑物进行现状调查,并制定有针对性的监测技术方案。

11.5.10 盾构推进过程中,应根据推进速度,在盾构机切口前20 m、盾尾后30 m范围内,每天监测不应少于2次。

11.5.11 盾构推进后应对地表道路、地下管线和建(构)筑物的沉降进行跟踪测量。

11.5.12 监测数据应与盾构推进参数、环境巡检情况及盾构断面地质因素进行综合分析。

11.5.13 地面沉降监测数据报警值应按日变量±3 mm,累计变化量+10 mm或−30 mm或按设计要求控制。其他环境监测报警值应符合现行行业标准《建筑变形测量规程》JGJ 8及技术主管部门的规定。

主控项目

11.5.14 隧道收敛变形监测应符合下列规定:

1 隧道收敛监测宜每10环～20环布设收敛断面,每一断面应至少有2条测量边;测点宜选用不锈钢材质;埋设后开始测量,取2次测量的平均值作为初始值。

2 进出洞及沿线有其他工程施工时应加密收敛监测断面。

3 收敛监测变化报警值应符合设计文件规定。

11.5.15 隧道沉降监测应符合下列规定:

1 测点宜在盾尾出100环后开始埋设并测量初始值,每10环～20环布设1个沉降测点。

2 进出洞及沿线有其他工程施工时应加密沉降监测点。

3 隧道沉降监测报警值应符合设计文件规定。

11.5.16 地下管线沉降监测应符合本标准第11.3.12条的规定。

11.5.17 建(构)筑物沉降监测应符合本标准第11.3.10条的规定。

11.5.18 地表道路沉降和位移测点的埋设应在盾构推进前一周完成。在地表土体不密实时,宜埋设深层测点。埋设后开始测量,取2次测量的平均值作为初始值。

一般项目

11.5.19 地层土体的水平位移和分层沉降测孔的埋设应在盾构推进前15 d完成,埋设7 d~10 d后开始测量初始值。土体分层沉降应测量沉降管口高程。

11.5.20 地表水位孔的埋设应在盾构推进10 d前完成,埋设3 d后开始测量初始值。

11.5.21 孔隙水压力传感器应在埋设前清水浸泡24 h,浸泡后其频率测试值为初始频率。

11.6 联络通道施工监测

基本要求

11.6.1 联络通道监测项目可分为必选项目和可选项目,其选择应符合表11.6.1的规定。

表11.6.1 联络通道工程监测项目选择

监测等级	地下管线位移	地表土体沉降	建筑物位移	隧道直径变形	隧道沉降	地下水位	土体水平位移	土体分层沉降	孔隙水压力	管片应力
一级	√	√	√	√	√	√	√	√	√	◇
二级	√	√	√	√	√	◇	◇	◇	◇	◇
三级	√	√	√	◇	√	◇	◇	◇	◇	◇

注:√为必选项目;◇为可选项目,可按设计要求选择。

11.6.2 编制监测方案应按设计要求和环境情况确定监测等级,

选择监测项目。

11.6.3 监测点、监测孔应按照批准的监测方案布置、埋设。

11.6.4 应对联络通道地面周边 50 m 范围的地下管线、地表道路和建(构)筑物进行监测。地下管线位移监测点设置应取得相关部门的许可。

11.6.5 地面道路沉降点的设置应沿隧道轴线布置,点距为 5 m,布设成 5 m×5 m 的监测点网,以通道中心 25 m 半径为监测范围。监测点应打穿硬地坪,布设在原状土层中。

11.6.6 联络通道施工前一周应完成初始数据的采集。采用冻结法施工的,监测周期应从冻结管施工至融沉结束、工程本体和周边环境稳定为止。

11.6.7 地面沉降监测数据报警值应按日变量±3 mm,累计变化量+10 mm 或−30 mm 或按设计要求控制。其他环境监测报警值应符合现行行业标准《建筑变形测量规程》JGJ 8 及技术主管部门的规定。

主控项目

11.6.8 隧道收敛变形监测应符合下列规定:

1 应在联络通道两侧、左右区间各 50 m 范围内对隧道收敛进行监测。

2 隧道收敛监测宜每 2 环布设收敛断面,每一断面应至少有 2 条测量边;测点宜选用不锈钢材质;埋设后开始测量,取 2 次测量的平均值作为初始值。

3 收敛监测变化报警值应符合设计文件规定。

11.6.9 隧道沉降监测应符合下列规定:

1 应在联络通道两侧、左右区间各 50 m 范围内对隧道沉降进行监测。

2 隧道沉降监测宜每 2 环布设收敛断面,与隧道收敛断面对应。测点宜选用不锈钢材质;埋设后开始测量,取 2 次测量的平均值作为初始值。

3 隧道沉降监测报警值应符合设计文件规定。

11.6.10 地下管线沉降监测应符合本标准第11.3.12条的规定。

11.6.11 建(构)筑物沉降监测应符合本标准第11.3.10条的规定。

11.6.12 地表道路沉降和位移测点的埋设应在联络通道施工前一周完成。在地表土体不密实时宜埋设深层测点,地表硬地坪应打穿将测点埋设至原状土层中。埋设后开始测量,取2次测量的平均值作为初始值。

一般项目

11.6.13 地层土体的水平位移和分层沉降测孔的埋设应在联络通道施工前15 d完成,埋设7 d~10 d后开始测量初始值。土体分层沉降应测量沉降管口高程。

11.6.14 地表水位孔的埋设应在联络通道开挖10 d前完成,埋设3 d后开始测量初始值。

11.6.15 孔隙水压力传感器应在埋设前清水浸泡24 h,浸泡后其频率测试值为初始频率。